岐阜県内の現役路線と廃線

岐阜県の鉄道
昭和～平成の全路線

清水 武 著

明知線の岩村駅に停まるキハ07形。◎1960年5月24日　撮影：荻原二郎

1章　国鉄・JR

2章　私鉄

3章 消えた路線

4章 第三セクター鉄道

◎明知線 明智～山岡 1972年9月23日 撮影:安田就視

地理調査所「20万分の1地形図」

岐阜県南部の鉄道路線（昭和30年）

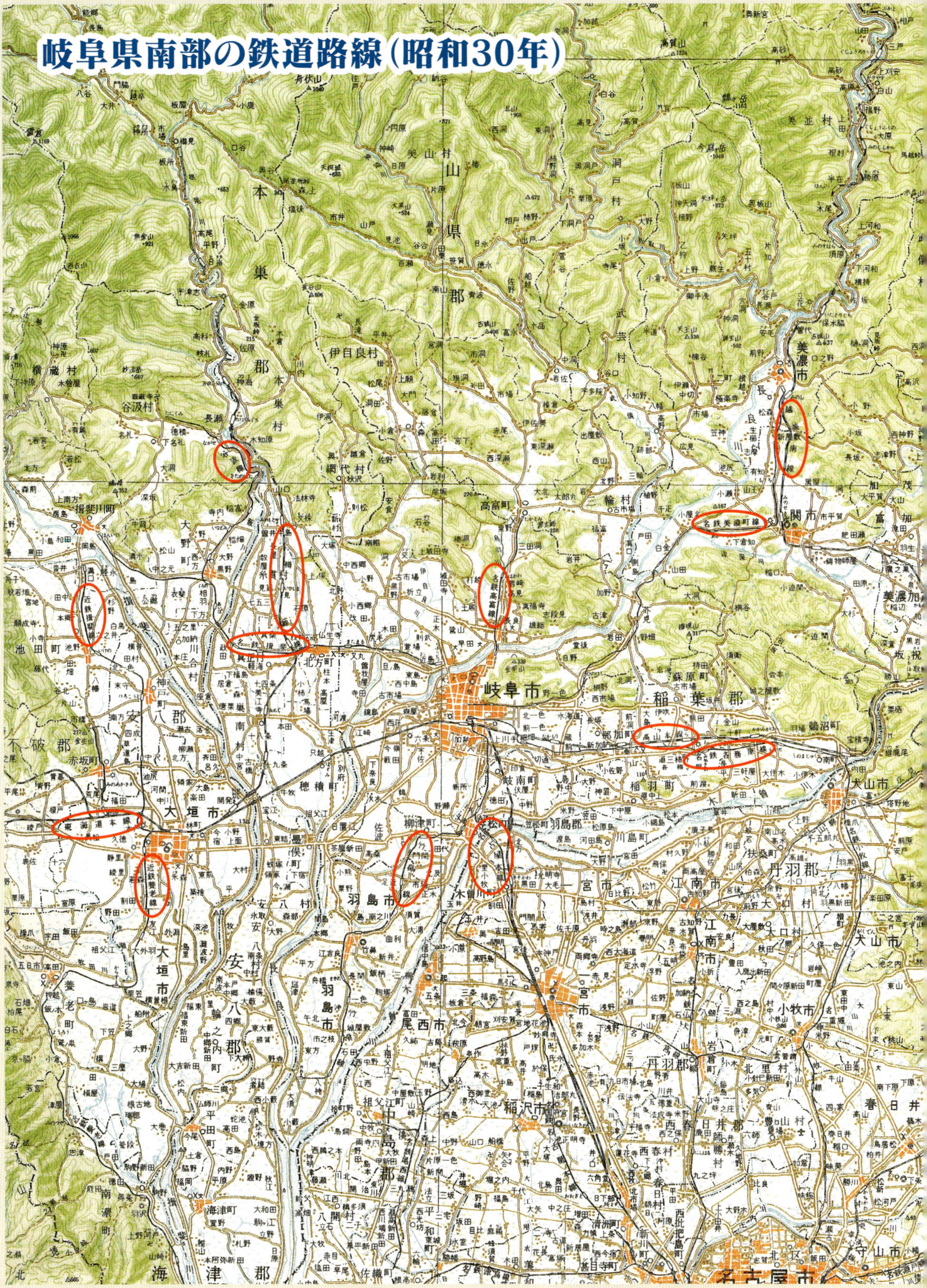

はじめに

岐阜県の鉄道は西から開通した。東海道本線が現在のルートに決定したのは、1886（明治19）年のことであり、それまでは旧中山道沿いのルートが建設候補とされていた。その建設資材輸送のため、海上輸送と連絡する目的で東は武豊港（最初は半田）～熱田間を開通、させ、西は京都～敦賀間の建設が優先され、陸路とつなぐこととされた。敦賀ルートは1880（明治13）年４月、柳瀬、刀根トンネルの工事に着手した。かくして1884（明治17）年４月16日に敦賀（金ヶ崎）～長浜間が開通。京都へは琵琶湖の水運を利用することで後回しとなった。その先、大垣まで建設すれば、河川交通と連絡して四日市まで連絡できるとの考えから、1883（明治16）年５月1日、長浜～関ケ原が開通。この間には25パーミルの急こう配があった。翌年５月25日には大垣まで開通し、敦賀～大垣間が繋がった。このような経緯から、岐阜県の鉄道は西からやってきたのである。なお関ケ原駅は1883（明治16）年５月１日の開業で岐阜県最初の駅である。

この後、岐阜県の鉄道は1889（明治22）年７月１日の東海道本線の全通以後、中央西線の名古屋～多治見間が1900（明治33）年7月25日に開通。1902年12月21日には中津（現・中津川）まで開通し、1908年には坂下まで開通。以後は長野県下の建設を進め1911（明治44）年には中央西線が全通した。以後、高山本線、太多線等支線区が建設される。民営鉄道としては1906年の岩村電気軌道に始まり、翌年には美濃電気鉄道が軌道敷設免許を特許され、民営鉄道の歴史が始まる。

2018年1月　清水 武

名古屋鉄道揖斐線の黒野駅に停まるク2151とモ560形。ク2151は元各務原鉄道のモ450形、モ560形は瀬戸電の出身。
◎1965年3月　撮影：清水武

1章

国鉄・JR

- 東海道新幹線
- 東海道本線
- 東海道本線美濃赤坂支線
- 中央本線
- 高山本線
- 太多線
- 越美南線
- 神岡線
- 明知線
- 樽見線

明知線明智駅のキハ07116とC1274。C12型蒸気機関車は中津川所属で、明知線の貨物列車も牽いたが、やや荷が重かった。
◎1960年5月24日　撮影：荻原二郎

東海道新幹線

大動脈も雪の関ケ原には苦戦する

区間▼東京～新大阪
駅数▼17駅
全通年月日▼1964（昭和39）年10月1日
路線距離▼515・4キロ
軌間▼1435ミリ
最高速度▼285キロ

東海道新幹線の岐阜羽島駅に進入するのは上り「こだま116号」である。当時の駅前には何もなかった。今でも東海道新幹線の駅で「一番変わり映えのしない」駅前風景とも言われる。◎1964年10月1日　提供：朝日新聞社

岐阜県にも東海道新幹線の駅がある。下り列車は名古屋を出発し、枇杷島《びわじま》付近で東海道本線と分かれ、ほぼ北西方向に一直線で関ケ原に向かい、美濃・近江の峠越えを目指す。新幹線の歴史は、東海道本線の輸送逼迫を打開するため、紆余曲折はあったものの広軌・別線での建設が決まり、東京オリンピックの年、1964（昭和39）年10月1日に開通した。

岐阜県内の通過区間は短く、当初、県内に駅を設ける計画はなかったともいうが、地元自治体等の陳情や有力政治家の働きかけもあって、名古屋～米原の中間に岐阜羽島駅が設置された。新幹線の開通以来、現在まで「一番変わり映えのしない駅前風景」とも揶揄されるが、雪の伊吹山対策用としては不可欠であり、運転上は大切な緩衝駅である。建設当時は長大な鈴鹿越えのトンネルを嫌い、既存の関ケ原越えとなったのである。

開通当時は駅前広場に政治家の銅像も建てられ、政治駅との声もあった。しかし、名神高速道路の羽島インターチェンジも近く、駅近辺の駐車場は名古屋駅周辺の駐車場不足もあってか、岐阜県東濃方面からのマイカー利用者などで賑わっている。

近年は平成天皇行幸の際に岐阜羽島駅をご利用になることも多くなった。当初、駅の位置については様々な声があり、特に大垣市近辺では近鉄養老線との交差箇所に設置すべきとの意見もあったというが、現在の位置に落ち着いた。

新しい中央リニア新幹線は岐阜県を通らず、鈴鹿峠をトンネルで越え、一路大阪を目指す短絡ルートとなるようだ。

この先、リニア中央新幹線が完成すると、現在の東海道新幹線は性格が大きく変化するだろうが、地方密着の交通機関として、「ひかり」や「こだま」がどう生まれ変わるのだろうか楽しみだ。

東海道新幹線にとっての難関は関ケ原付近での降雪対策である。降雪の多い日にはスプリンクラーによる線路への散水と名古屋駅での床下雪落としが不可欠となる。大動脈を維持するための隠れた努力である。◎関ケ原付近 2012年1月30日　撮影:日比野芳弘

500系車両はJR西日本が開発した車両で、斬新なスタイルで好評だった。しかし先頭車のドア数や座席等に課題があり、東海道新幹線区間では長期使用されなかった。◎岐阜羽島駅　2010年2月20日　撮影:日比野芳弘

東海道本線

蒸機時代の関ケ原は補機の助けを借りた

区間▼東京〜神戸
駅数▼182駅
全通年月日▼1872(明治5)年6月12日
路線距離▼589.5キロ
軌間▼1067ミリ
最高速度▼130キロ

岐阜駅での80系湘南電車。当地方の東海道本線列車の主役は、首都圏から来た80系湘南電車だった。しかし、手前3両は新製配置された80系300番台である。◎1977年9月22日　撮影：長渡朗

東海道本線岐阜駅駅舎。現在の駅舎になる前の1959(昭和34)年に完成した2階建ての民衆駅だった。それまでは戦災後の木造駅舎だったため、ずいぶん立派な駅になったものだと思った。しかし木造駅時代から少し西に移動したため、名鉄新岐阜駅が少し遠くなった。◎1982年8月19日　撮影：安田就視

【東京からの距離】

●岐阜	ぎふ	396.3km
●西岐阜	にしぎふ	399.5km
●穂積	ほづみ	402.3km
●大垣	おおがき	410.0km
●垂井	たるい	418.1km
●関ケ原	せきがはら	423.8km

岐阜県内のは東海道本線は、早期に開通した区間のひとつである。しかし、県内の岐阜〜関ケ原間は約30キロメートルの間に5駅（現在は6駅）しか存在しない短距離区間である。

最初の開通区間である大垣〜米原（当時は長浜）間には、大垣から滋賀県境を超える25パーミルの長い登り勾配があり、関ケ原〜米原（長浜）のルートは二度も経路を変更して勾配を緩和し、さらに大垣〜関ケ原間も1939（昭和14）年に新垂井経由の下り別線を建設して10パーミルの勾配とし、それまで大垣から連結していた補助機関車を廃止した。

しかし、戦時のことで石炭の質が悪く、新線経由でも蒸気機関車が立ち往生することがあり、救援機関車を出したこともあったという。関ケ原越えは蒸気機関車にとっては難関であり、補助機関車のために大垣には機関区もあり、保線区もあって鉄道の街でもあった。このため戦前の特急「燕」は下り列車のみ大垣に停車し、関ケ原で通過しながら切り離す作業を丹那トンネルの開通後も続けていた。

大垣機関区は、1955（昭和30）年の名古屋電化後は大垣電車区となったが、当時は美濃赤坂線、樽見線用の蒸気機関車や気動車も配置されていた。現在も中京地区のJR輸送力を支える電車基地であり、新幹線開通までは在来線の特急、急行列車の乗務員基地としての役割も果たしていた。

現在、岐阜県内の東海道本線を走るJR西日本の車両は特急「しらさぎ」用だけとなり、JR東海の車両で西日本の路線に入るのは特急「ワイドビューひだ」1往復だけとなった。これは岐阜以西を走る唯一のディーゼルカーでもある。

大垣（南荒尾信号所）〜関ケ原間は1944（昭和19）年10月1日に新設された勾配専用の新線を下り本線とし、下り普通列車のみが停車す

高架前の岐阜駅構内には高山線用の種々の形式、色彩のカラフルな気動車が見える。今はない東陸橋の向こうには名鉄の電車もみえる。◎1977年9月22日　撮影：長渡朗

大垣駅ホームで発車待ちの垂井線ローカル列車。普段は1両が多いものの、クモハ12000（制御車扱い）とクモハ40の両運転台車が2両編成を組んでいる。◎1960年11月17日　撮影：荻原二郎

国鉄時代の主な車両基地には事故時の復旧作業に当たるため救援車と称する車両が配置されていた。写真は大垣電車区の救援車クヤ9421で、買収国電と称され、戦時に宇部鉄道から来た車両を改造した車である。◎1963年　撮影：清水 武

EF58の牽く荷物専用列車。それまで一般の急行列車や普通列車に連結されていた郵便車と荷物車を1961（昭和36）年のダイヤ改正から分離して専用列車とした。これにより一般列車のスピードアップが図られた。◎南荒尾（信）～大垣　1963年頃　撮影：清水武

る新垂井駅（1986年11月31日に廃止）もあった。新線は貨物列車、特急電車（かつてはブルートレインなどの機関車牽引列車）が使用し、旧下り線はローカル列車の専用線であり、垂井～関ケ原間はローカル列車の上下線の単線扱いで使用されている。

　余談ながらこの間は貨物列車や特急列車の上り列車が並行して走行することも可能である。関ケ原行きのローカル列車は関ケ原駅では上り線へ転線できず、垂井までは同じ線路を戻るのである。

岐阜市街地と東海道本線岐阜駅を俯瞰。岐阜駅舎は1959年に完成した2階建ての民衆駅。写真の左側に見える大通りは平和通り（現・金華橋通り）、右側は神田町通り（現・長良橋通り）。終戦後の駅前は旧満州からの引揚者が多く住んだことから「ハルピン街」と呼ばれた。駅前には名鉄岐阜市内線の岐阜駅前停留場も見える。写真の右後方は名鉄の新岐阜駅（現・名鉄岐阜駅）と新岐阜百貨店がある。
◎1964年9月　提供：朝日新聞社

ナショナル
SAN

東海道本線関ケ原駅を出た上り特急「つばめ」。関ケ原駅で合流する下り跨線橋を潜り、上り本線を往く。「つばめ」は現在の特急とは比較にならない憧れの存在だった。◎1957年11月21日　撮影：野口昭雄

EF60電気機関車の牽く貨物列車。◎大垣駅　1964年5月1日　撮影：荻原二郎

1940（昭和15）年末竣工の大垣駅舎は、戦災を免れ、電化後もそのままで使用された。駅前広場のバスターミナルも整備されず、歩道際で客扱いをしていた。現在の5階建て駅ビルに改築されたのは、1985（昭和60）年である。近鉄バスのカラーが懐かしい。◎1965年5月17日　撮影：荻原三郎

岐阜駅に停まる荷物専用列車。上に見えるテルハーは、荷物扱いの多い駅に設備されていた。◎岐阜駅　1963年8月25日　撮影：荻原二郎

大垣電車区には美濃赤坂線や樽見線気動車が配置されていた。写真のキハ07系200番台の車両は総括制御できるよう液圧変速機に変更されていた。そのため4両編成列車でも一人の運転士で運転できた。◎1963年3月　撮影：清水 武

電化を控えて改良工事の進む大垣駅構内。構内の前後の曲線を改良し、電車区を新設する工事が進められた当時の構内西部を上空から眺めた写真。この頃、駅西部（室）の狭隘な地下道と東部（林町）の開かずの踏切が地下道化された。◎1954年4月24日　提供：朝日新聞社

勾配緩和のため、1944(昭和19)年に新設された迂回線の特急「しらさぎ」。貨物列車や機関車牽引の列車はすべて迂回線を経由した。
◎新垂井～関ケ原　1970年9月　撮影:田中義人

岐阜～木曽川間の153系電車。湘南電車80系の後継車両として1958(昭和33)年に製造が始まり、全国の直流電化区間で準急、急行用として活躍した。当地では大垣電車区を基地として、準急「東海」として活躍した。晩年は普通列車に用いられた。◎1981年3月24日　撮影:寺澤秀樹

EF5896が牽く荷物専用列車。国鉄時代郵便車や荷物車は長らく客車列車に併結して運転されていたが、1961(昭和36)年10月1日のダイヤ改正で荷物専用列車が整備され、単独運転されるようになった。雪の日の荷物列車が岐阜駅を出発するところであり、電気機関車が蒸気暖房用の蒸気を吹き上げている。◎1982年1月　撮影:寺澤秀樹

関ケ原駅は1883(明治16)年55月1日開業の岐阜県下、最初の国鉄え駅である。長浜から延長されてきた鉄道が関ケ原に達し開設された。
◎1982年8月19日　撮影:安田就視

近江と美濃の境に近い今須トンネルに向かうEH1034の牽く貨物列車。なかにはEF型の重連で越える列車もあった。◎柏原～関ケ原
1965年5月　撮影:清水 武

80系時代の準急「比叡」。東海道本線下り迂回線をやってきた列車はやがて上り本線を越え、関ケ原構内へ新入する。◎新垂井～関ケ原　撮影：野口昭雄

南荒尾信号所から迂回線へ入った急行「比叡」。当初80系車両で「東海」とともに準急としてスタートしたが153系の登場後急行に格上げされ、新幹線ができる前は、名古屋～大阪間のシャトル便として活躍した。写真の列車にはグリーン車の隣にビュッフェカーも連結している。
◎大垣～新垂井　1965年　撮影：清水 武

イベント列車「芋堀号」が運転された日、大垣駅にD51903号機の牽く列車が登場した。下り本線に停車するD51903、1番線に停車する113系、奥の上りホームには系153系が停車するという、通常では見られない風景が見られた。D51903はこのとき稲沢の貨物ヤードの入れ替え機であり、奇しくも関ケ原を越えた最後の蒸気機関車となった。◎1970年9月15日　撮影：清水 武

特急「しらさぎ」が新垂井駅を通過。1944（昭和19）年に新設された東海道本線の迂回線には途中新垂井駅が設けられ、下り普通列車だけが停車した。本線のほか待避線もあり、普通列車や貨物列車が通過列車を退避することもあった。この駅から大垣方面へ行くには関ケ原駅を迂回することになるが、運賃は垂井駅と同じであった。1986（昭和61）年11月30日に廃止された。◎1972年9月28日　撮影：荻原二郎

大垣駅上りホームで発車を待つ80系湘南電車。80系300番台車は初め、準急「東海」に使用されたが、格下げされ写真はサハ300番台改造のクハ86形である。◎1970年11月18日　撮影：荻原二郎

電化当初は80系に交じって中央線用に70系スカ型車両も大垣にやってきた。そのため、大垣地区でも70系の姿を見ることができた。◎南荒尾（信）～大垣　撮影：清水 武

新垂井駅駅舎。1944（昭和19）年10月1日、東海道本線下り迂回線に開業した下り列車専用の駅であった。側線もあり、普通列車などで退避することもできた。ただし1967（昭和42）年8月30日からは信号扱いは大垣駅からの遠隔制御となった。1972年4月1日に手荷物扱いを廃止し、1986年11月30日廃止された。しばらく側線は残されていたが、現在はない。◎1972年9月28日　撮影：荻原二郎

橋上駅となった垂井駅新駅舎。1995（平成7）年には橋上駅が完成し、線路両側からのアクセスが可能になった。◎1967年5月21日　撮影：荻原二郎

581系使用の特急「しらさぎ」581系交直両用寝台電車は、世界で初の電車寝台であった。昼間の合い使用で一時、特急「しらさぎ」にも運用された。◎岐阜駅　1977年9月22日　撮影：長渡 朗

中央本線（西線）の特急「しなの」は、1968（昭和43）年に気動車から振り子電車381系にバトンタッチして最大13往復となり、そのうち1往復が大阪まで足を延ばした。そのため岐阜駅でも381系を見ることが出来たが、ワイドビュー「しなの」85系にバトンタッチした現在は大阪直通系統は無くなった。◎岐阜駅　1977年9月22日　撮影：長渡 朗

80系湘南電車は1950(昭和25)年から製造され、色々なバリエーションが生まれた。先頭車クハ86形の初期車は量産タイプの正面2枚窓のいわゆる湘南電車ではなく、正面3枚窓で登場した。写真は初期形タイプの車両である。◎柏原～関ケ原 1965年　撮影：清水 武

高架化された岐阜駅の留置線に停車する113系電車。◎1999年2月 撮影：安田就視

関ケ原付近を走る311系通勤電車はJR東海で最初の新型通勤車両。◎撮影：安田就視

東海道本線 美濃赤坂支線

僅か5キロながら東海道本線の一部

区間▼大垣～美濃赤坂
駅数▼3駅
全通年月日▼1919（大正8）年8月1日
路線距離▼5.0キロ
軌間▼1067ミリ
最高速度▼120キロ（大垣～南荒尾信号間）

美濃赤坂～大垣間のローカル運用に就く半流41系国電。この頃は首都圏通勤電車の標準塗装であるブルーに塗られて転属してきた。◎大垣電車区　1974年　撮影：清水 武

朝のラッシュ時には名古屋方面への直通列車が発車する。当時から通勤通学客で賑う時間である。◎美濃赤坂駅　1973年8月28日　撮影：安田就視

美濃赤坂支線の終着駅であり、西濃鉄道の始発駅でもある。かつては貨物駅として賑わい、駅員も大勢いたが、現在は無人駅である。◎1973年8月26日　撮影：安田就視

美濃赤坂線は大垣駅の西約3・1キロメートルの南荒尾信号所から分岐する1・9キロメートルの盲腸線である。分類上は東海道本線の一部として扱われるが、営業上は美濃赤坂線と称している。途中には荒尾駅（無人）がある。さらに終点の美濃赤坂駅からは貨物専用の西濃鉄道が接続し、専用貨車を牽くJR貨物鉄道の最新電気機関車も乗り入れてくる。赤坂の町は、もともと石灰岩と大理石を産し、その搬出には馬車輸送や、舟運に依存していたが、鉄道での搬出を切望して陳情を重ね、1919（大正8）年に美濃赤坂線の開通が実現した。

これに接続する地元資本の西濃鉄道が1927（昭和2）年1月15日に開業して今日に至り、現在も赤坂の地場産業を支える短いものの重要な路線である。西濃鉄道は開業後長いことイギリス製の蒸気機関車B6こと2105号と2109号が活躍してきたが、1964（昭和39）年5月には三菱製のディーゼル機関車が導入された。

美濃赤坂駅に出入りする貨車はかつては鉄側有蓋車である「テ」「テム」が主体だったが、輸送近代化により、石灰石輸送が私有専用貨車であるホッパー車に変わると、赤3号塗装のホキ2500、2800が1996（平成8）年からは走行中の粉塵飛散防止のため屋根覆い付きで高速性能の優れたホキ19500形が主力となっている。

この線のエピソードでユニークなのは、国鉄最初の気動車キハニ5000形を美濃赤坂線へ導入する計画がでて、1930（昭和5）年2月1日から、旅客輸送は行わないはずだった西濃鉄道もこれに便乗し、市橋までの乗り入れ運転を実現した。戦時には中断し、戦後は乗り入れ運転は復活しなったものの、旅客輸送に気動車運転が復活してキハ04形と07形が活躍した。

中央本線

都会あり、川あり、山ありの路線

区間▼東京～名古屋
駅数▼112駅
全通年月日▼1889(明治22)年4月11日
路線距離▼396.9キロ
軌間▼1067ミリ
最高速度▼130キロ

1902(明治35)年12月21日に開業した中津駅(後の中津川駅)の絵葉書。開業当時と思われる駅舎。駅前には人力車がたむろしているのが時代を感じさせる。◎明治後期　所蔵:生田 誠

戦後、湘南電車として登場した80系電車はその後全国各地で活躍したが、中央西線の電化に際して大垣電車区(現・車両区)から神領区所属となり、中央西線でも活躍した。しかし、中央西線の名古屋地区での輸送に2扉車両は不向きで、最後は中津川以東の閑散区間で活躍した。1930(昭和55)年3月23日に「さよなら運転」が実施された。◎多治見～土岐市　1980年3月23日　撮影:寺澤秀樹

【名古屋からの距離】

●古虎渓 ここけい	31.6km
●多治見 たじみ	36.2km
●土岐市 ときし	43.2km
●瑞浪 みずなみ	50.1km
●下畑(信) しもはた	53.3km
●釜戸 かまど	57.5km
●大羽根(信) おおはね	60.5km
●武並 たけなみ	62.9km
●恵那 えな	68.3km
●二軒屋(信) にけんや	71.5km
●美乃坂本 みのさかもと	73.5km
●与ヶ根(信) よがね	75.2km
●中津川 なかつがわ	79.9km
●落合川 おちあいがわ	83.7km
●坂下 さかした	89.8km

中央本線のうち名古屋～塩尻間(174・8キロメートル)が中央西線とよばれ、現在、ほぼ全てがJR東海の路線である。この区間41駅のうち、古虎渓～坂下間の11駅、約60キロメートルが岐阜県内の区間である。

愛知県との境である愛岐トンネルを抜け、坂下駅を出て木曽川を第一鉄橋で渡るまでの区間で愛岐トンネルを抜け、勾配を下ると多治見駅に至る。左から太多線が合流し、多治見駅に到着する。その後は山間路線となり、瑞浪・土岐市・恵那を経て中津川駅に至る。中津川駅を過ぎると木曽路であり、線路は木曽川沿いに敷設されている。

1966(昭和41)年5月14日には名古屋から瑞浪までの電化が完成、7月1日には複線化も完成してダイヤ改正が実施された。このときの電車化で投入されたのは、横須賀線塗装のスカ型70系車両で、クハ68等も含めて電化が完成し、神領《じんりょう》電車区(現・車両区)も誕生した。その頃、沿線では高蔵寺《こうぞうじ》団地など宅地開発が進み、国鉄時代にはラッシュ時の混雑緩和のために72系4扉車が配置されたが、80系車両も活躍した。やがて72系車両は103系に、70系と80系車両は113系に置き換えられた。

全線電化は1973(昭和48)年5月27日である。中津川までは全区間複線化が完成しているが、その先の塩尻までは単線区間も多く、複線区間と混在している。現在ではJR東海の標準車両である313系の各番台の車両が活躍している。

多治見を出ると東濃路に入るが、庄内川沿いの線路はやがて木曽川沿いの線路となる。多治見までは名古屋の通勤圏であり、列車本数も多い。それ以遠は中津川までが1時間に2本(多治見までは快速)の列車と1時間に1本の列車が瑞浪までやってくる。電化直後から線区を通

1985（昭和60）年まで運転された急行列車（電車）。特急網の充実にあわせ、全国各地から急行列車が消えていった。中央西線からも1985年に長野行きの急行列車がなくなった。車両は勾配線用の165系が使用された。写真の列車の先頭車は153系からの改造車である。◎1979年9月5日　撮影：寺澤秀樹

中央西線の坂下駅で気動車特急「しなの」と行き違う蒸気機関車牽引の貨物列車。◎1970年11月1日　撮影：田中義人

EF64の牽く中央西線の荷物列車。国鉄から荷物専用列車がなくなってから久しいが、中央西線にも荷物専用列車が走っていた。前から2両目には荷物車代用のワキの姿もみえる。◎多治見～土岐市　1979年5月　撮影：寺澤秀樹

中津川駅側線の車両群。左から明知線用の気動車、381系、115系が休んでいる。◎撮影：荒巻克彦

中津川駅側線で休む車両、手前にブルーの103系その奥へ70系、80系と離れて明知線用の気動車。◎撮影：荒巻克彦

して運転される列車は特急「しなの」で、381系振り子電車が使用された。1996（平成8）年12月からは、新しい振り子車両であるワイドビュー383系に置きかわり、名古屋～長野間を13往復する。電化前の「しなの」は、気動車急行から高出力の181系特急用気動車となり、山岳区間で活躍したことが思い出される。

また、JR東海の管内では4扉通勤電車が活躍したのは、この中央本線と関西本線だけである。高度成長期のエポックメイキングとして記録されるべき出来事だった。

愛知・岐阜県境の愛岐トンネルを出たキハ91系急行「しなの」。キハ91系気動車は500HPエンジンを装備した試作車として1966年に登場した。写真のキハ911と919は正面スタイルが他のキハ91形と少々異なるが、名古屋機関区に配置され中央西線の勾配区間で使用され、1968(昭和43)年に強力形気動車キハ180系を生む基礎となった。◎古虎渓～多治見　1967年9月1日　提供:朝日新聞社

電化前の中央本線で活躍したD51267が牽く貨物列車。◎1973年10月　撮影:中西進一郎

中津川駅の1番線で発車待ちの80系湘南電車と下りのキハ58の急行「しなの」。◎撮影:荒巻克彦

中央西線の全線電化により生まれた電車特急が「しなの」で、1973（昭和48）年のダイヤ改正で投入された初の「振り子式車両」381系である。1950年には8往復すべてが381系となり、1往復は大阪発着で設定された。1975（昭和50）が年の改正ですべての「しなの」が381系となった。1996（平成8）年からその後継車381系が「ワイドビュウしなの」として名古屋～長野間で活躍を続けている。◎多治見～土岐市　1979年4月29日　撮影：寺澤秀樹

中津川～多治見間のSLさよなら運転はD51777が担当した。◎撮影：荒巻克彦

中央西線でEF64形重連の牽く貨物列車は名物列車である。名古屋地区から信州への石油輸送列車であり、石油輸送の主力である。◎瑞浪～釜戸　2007年7月29日　撮影：寺澤秀樹

高山駅は1934（昭和9）年10月25日の開業であり、国旗が掲揚されている。それ以来、2017年に橋上駅へと改築されるまで使用されてきたが、観光客の増加、東西連絡通路の確保などの観点から生まれ変わった。◎1934年　提供：朝日新聞社

高山本線

温泉と山岳を楽しむ観光路線

区間▼岐阜〜富山
駅数▼45駅
全通年月日▼1920（大正9）11月1日
路線距離▼225.8キロ
軌間▼1067ミリ
最高速度▼110キロ

美濃太田駅に進入する太多線列車。高山線の線路にも上下列車の姿が見える。さらに奥の車庫線には開業を12月11日に控えた長良川鉄道の車両の姿も見える。国鉄線3線が集散した構内も1線が第三セクターになる直前の姿である。◎1986年11月8日　撮影：田中義人

高山本線が全通したのは1934（昭和9）年10月25日であり、今から80年余り前のことである。当初は飛騨鉄道として計画され、1917（大正6）年10月に鉄道敷設法案で採択、翌年2月9日には富山と結ぶ「飛越線」（高山〜富山）も同法案で可決された。かくして建設が開始され、1920（大正9）年11月1日に岐阜〜各務ヶ原間が高山線として開通。翌年11月12日には美濃太田まで開通した。

その後も工事が進められ、下麻生、上麻生と山間部の飛騨川沿いの建設工事が進められ、1926（大正15）年には白川口、飛騨金山、下呂（1930年）と延長され、1931（昭和6）年に飛騨萩原、1933（昭和8）年に飛騨小坂まで達した。

ここで飛越国境の分水嶺、宮峠のトンネル建設待ちとなり、その完成を待って、1934（昭和9）年10月25日に高山駅の北「桜踏切」付近で、富山から南下していた飛越線と高山線が繋がり高山本線として全通した。

この結果、高山本線の岐阜〜富山間225・8キロメートルのうち、富山県南端の猪谷駅まで189・2キロメートルが岐阜県内に位置する（44駅中35駅が岐阜県内所在）。なお猪谷駅はJR西日本の所属である。

高山本線は最近、北アルプスの入り口である高山・飛騨地区が観光地としてブームとなり、外国人の観光客も沢山訪れるが、日本三大名泉と知られる下呂温泉は有名で、下呂まで開通した直後に名岐鉄道（現・名古屋鉄道）は名古屋市内の柳橋駅から電車を直通させ、鵜沼駅からは高山線列車に併結し、下呂への温泉客誘致を実施した。

全通後の1940（昭和15）年10月からは国鉄客車により富山までの直通運転も行った。戦時には中止となったが、戦後1965（昭和40）年

高山線でDL牽引の列車が活躍した期間は短く、国鉄時代に気動車列車になった。写真の列車は中間に荷物合造車を2両連結している。◎1965年3月　撮影：清水 武

【岐阜からの距離】

●岐阜 ぎふ ……………………0.0km
●長森 ながもり……………………4.2km
●那加 なか ……………………7.2km
●蘇原 そはら ……………………10.4km
●各務ヶ原 かがみがはら……………13.2km
●鵜沼 うぬま ……………………17.3km
●坂祝 さかほぎ ……………………22.5km
●美濃太田 みのおおた ……………27.3km
●古井 こび ……………………30.3km
●中川辺 なかかわべ ……………34.1km
●下麻生 しもあそう ……………37.9km
●上麻生 かみあそう ……………43.2km
●飛水狭(信) ひすいきょう ……45.9km
●白川口 しらかわぐち ……………53.1km
●鷲原(信) わしばら……………56.5km
●下油井 しもゆい ……………61.7km
●飛騨金山 ひだかなやま…………66.7km
●福来(信) ふくらい……………69.4km
●焼石 やけいし ……………75.7km
●少ヶ野(信) しょうがの ………86.6km
●下呂 げろ ……………………88.3km
●禅昌寺 ぜんしょうじ ……………93.5km
●飛騨萩原 ひだはぎわら …………96.7km
●上呂 じょうろ ……………100.8km
●飛騨宮田 ひだみやだ ……………105.4km
●飛騨小坂 ひだおさか ……………108.8km
●渚 なぎさ……………………115.9km
●久々野 くぐの ……………………123.2km
●飛騨一ノ宮 ひだいちのみや……129.5km
●高山 たかやま ……………136.4km
●上枝 ほずえ ……………141.4km
●飛騨国府 ひだこくふ……………147.6km
●飛騨古川 ひだふるかわ …………151.3km
●杉崎 すぎさき ……………153.6km
●飛騨細江 ひだほそえ ……………156.0km
●角川 つのがわ ……………161.7km
●坂上 さかかみ ……………166.6km
●打保 うつぼ ……………176.5km
●杉原 すぎはら ……………180.5km
●猪谷 いのたに ……………189.2km

(岐阜県内区間のみ)

白川口駅を発車する急行時代の北アルプス号。◎1965年8月　撮影：清水 武

8月5日に気動車による準急「たかやま号」として復活、以後、乗り入れ区間を飛騨古川、富山(富山地鉄・立山)と延ばした。列車種別も国鉄の営業施策にあわせて急行→特急と変化したが、2001(平成13)年10月1日に廃止された。

国鉄でも岐阜~高山間には戦前、準急列車を運転したが、1938(昭和13)年に廃止。戦後は1951(昭和51)年の快速列車から準急列車、ディーゼル化と発展し、1958(昭和33)年3月1日には名古屋~富山間を5時間で結ぶ準急「ひだ」が運転を開始した。

さらその後、準急は急行に発展してキハ91系車両なども使用されたが、「43・10ダイヤ」といわれる大改正で1968(昭和43)年10月1日にはキハ80系による特急「ひだ」が名古屋~高山~金沢間に初登場した。

この間、旅客列車はディーゼル機関車の牽引から全面ディーゼルカーへ、貨物列車(現在は廃止)も1969(昭和44)年にはディーゼル機関車となり、1968(昭和43)年には岐阜~高山間をCTC化、翌年9月6日には全線CTC化が完了した。

その後1980(昭和55)年頃には電化との動きもあったが、1989(平成元)年に特急「ワイドビューひだ」として登場した高出力エンジン装備のキハ85系車両の投入された。それとともに構内のポイント改良によるスピードアップで目的は達成されたとして、電化は見送りとなった。

飛騨川橋梁を渡る、特急「ひだ」。最初はこのように長い編成でスタートした。一時編成も短くなったが最近は海外からの観光客も増え、長くなりつつある。写真の前から2両目はグリーン車である。◎白川口〜下油井　1982年5月1日　撮影：田中義人

美濃太田駅舎。橋上駅に改築前の駅舎である。駅前に「ライン下り」の送迎バスが待機しているのが懐かしい。◎1982年8月19日　撮影：安田就視

キハ40系気動車時代の高山線列車。高山から富山方向は旅客が少なく、短編成が多かった。◎高山〜上枝　1990年9月　撮影：安田就視

この日は珍しくユーロライナー色のDD51555が貨物列車を牽く。飛騨金山～焼石間のダム湖沿いに走る風景は珍しかった。JR東海でも民営化当初にはお座敷客車に続き、電車の80「ゆうゆう東海」、80系気動車改造の「リゾートライナー」やこのユーロライナー色機関車の牽く客車も登場したが、現在では、この種の車両は存在しない。近く新しい車両も登場するとの話もある。◎1984年5月11日　撮影：寺澤秀樹

独自塗装の急行「たかやま」。最後まで急行列車として残った大阪から直通する列車で、独自の塗装に身を纏い、ユニークな列車であった。古いキハ58系を改装し、回転式リクライングシートに取り換え、専用の塗装で活躍したが、最高速度110kmのキハ85系「ワイドビューひだ」と足並みがそろわず、85系の特急に置き換えられた。◎1995年5月　撮影：寺澤秀樹

85系「ワイドビューひだ」が名鉄乗り入れ車両キハ8500系を併結。現在の特急ひだ号は、すべてキハ85系の気動車に統一され、高山線のL特急として、定期10往復、不定期3往復が活躍している。うち1往復は大阪発着となっている。◎飛騨金山～焼石　1995年5月　撮影：寺澤秀樹

太多線

今や立派な通勤路線へと発展

区間▼多治治～美濃太田
駅数▼8駅
全通年月日▼1918（大正7）年12月28日
路線距離▼17・8キロ
軌間▼1067ミリ
最高速度▼85キロ

美濃太田～美濃川合の線路左手に広がる美濃太田車両区。この地区の各種気動車の配地されている。除雪車の姿も見える。◎1983年8月27日　撮影：安田就視

通学時間の桜満開の小泉駅は学生の姿でにぎわっている。国鉄時代の列車は、急行用、普通列車用と種々の車両が編成されバラエティに富んでいた。◎1987年4月　撮影：寺澤秀樹

- ●多治見 たじみ ……0.0km
- ●小泉 こいずみ ………3.2km
- ●根本 ねもと ………4.8km
- ●姫 ひめ …………7.9km
- ●下切 しもぎり ………9.4km
- ●可児 かに …………12.8km
- ●美濃川合 みのかわい ….15.4km
- ●美濃太田 みのおおた ….17.8km

太多線は初代東濃鉄道が1918（大正7）年12月28日に新多治見～広見（現・可児）まで、軌間762ミリメートルの蒸気鉄道として開通した路線である。1926（大正15）年9月25日に鉄道省が東濃鉄道を買収し、1928年10月1日には広見～多治見間を拡幅して、美濃太田～広見間を新設。1928年10月1日に美濃太田～多治見間が太多線として全通した。明治政府の当初計画の中山道ルートが実現していれば東西連絡鉄道の一部となっていたかもしれない区間である。

開通以来、中央本線と高山本線を短絡する線として地味なローカル線の地位に甘んじてきた。しかし、高山線の全面ディーゼルカー運転に伴い、近年では岐阜～多治見間を直通する列車を含め30分間隔の運転となり、かつてのローカル線ムードは一変した。一時は太多線から多治見経由で名古屋に直通するホームライナーもあった。初代東濃鉄道の創始者平井信四郎社長も喜んでいるのだろうと思う。東濃鉄道社長平井の名が刻まれた石塔が、名鉄御嵩駅前の願興寺の境内に建っている。

美濃太田を出発した列車は間もなく高山本線・太多線の車両基地を車窓に眺め、木曽川のダム湖を鉄橋で横断するのが見ものである。

定期列車としては他線からの乗り入れもなく、優等列車が運転された記録もないものの、1965（昭和40）年の岐阜国体の際には昭和天皇が10月27日、岐阜発10時15分の御召列車に乗車され、太多線経由で多治見へ向かわれた。牽引機はC58形250であり、太多線へのC58の入線には驚かされた。このルートには現在、定期列車が運転されている。

現在は使用車両も高性能気動車キハ75系で統一され、俊足サービスで、多治見市はじめ岐阜県下の町と県庁所在地岐阜を結ぶ。

キハ40系の4連にキハ58を加えた長大編成の列車である。
◎根本～姫　1983年8月26日　撮影：安田就視

開通当時の駅名は「広見」だったが、市制施行の1982（昭和57）年に「可児駅」と改名した。すぐ目の前の名鉄の駅は「新可児」である。かつては共同使用駅だったが、貨物廃止とともに線路も分断された。◎1982年8月19日　撮影：安田就視

多治見は中央西線と太多線の分岐駅である。電化前は構内に貨物ホームがあり、留置車両は通勤用気動車のエースキハ35が並んでいる。駅の北側には田畑が広がっていたが、現在は様相が一変している。◎1965年12月　提供：朝日新聞社

越美南線北濃駅に停車中の急行色気動車キハ55。◎1973年8月28日　撮影：安田就視

越美南線

長良川と生きた清流路線

区間▼美濃太田～北濃
駅数▼26駅
全通年月日▼1923（大正12）年10月5日
路線距離▼72・2キロ
軌間▼1067ミリ

キハ58形2連の普通列車。◎刈安～郡上赤池　1981年5月18日　撮影：安田就視

越美南線は高山線が美濃太田まで開通した1921（大正10）年11月12日の翌年10月5日に美濃町（現・美濃市）まで開通した。その後、北進を続け、1934（昭和9）年8月16日には72・2キロメートルの北濃まで全通した。高山線が全通して本線となるよりも前であった。

一方、越美北線は1939（昭和14）年9月に越前大野まで開通したものの太平洋戦争で中断。戦後、北側は1972（昭和47）年に九頭竜湖まで延長されたがお互いに美濃と越前の国境を超えることなく、高山本線と北陸本線を結ぶ夢は幻と終わった。

戦後、ディーゼルカーが運転されるようになると、南線には名古屋からスキー客を誘致するために直通列車も運転された。一時は急行列車に併結し北濃まで直通する列車もあった。

郡上八幡の城下町と盆踊りが有力な観光資源であり、ついに南線も北線も地方交通線に指定され、1986（昭和61）年12月1日に南線は第三セクターの長良川鉄道として民営化され新たなスタートを切った。国鉄時代には水害で長良川に架かる鉄橋が五つも流され、雪害で長期間不通になったこともあった。

ほぼ並行する、在来の国道を運行する路線バスと競争することもあったが、その路線バスも高速道路の開通により現在は減便した。

しかし、最近はレール見直しが進んだのか、観光面でもバスと鉄道がセットで旅行商品化し、長良川鉄道のイベント列車を組み入れて目的地までバスとリレーするなどの企画が生まれている。さらに宅配便の荷物を特定列車に積み込み、拠点駅間を長良川鉄道の列車で輸送する試みも行われている。

長良川の清流沿いに走るキハ40－キハ55の普通列車。このあたりの長良川は「鮎釣り」のメッカである。◎郡上山田～郡上八幡　撮影：安田就視

桜満開の半在駅のキハ58の列車。急行用として製造されたが、晩年は勾配の多いローカルでも使用された。越美南線も沿線に桜の名所の多い線区である。◎1985年4月　撮影：寺澤秀樹

北濃駅の給水塔。国鉄時代は長らく蒸気機関車が活躍した。70km以上の長丁場を走って来た機関車には給水が必要となり、終点北濃にはその設備があった。このタンクは珍しいことに大きな木桶であった。現在は撤去されているが、ターンテーブル（転車台）は保存されている。テーブルを設置した池は水路の一部を兼ねていた。◎1973年8月28日　撮影：安田就視

美濃関駅は中間駅としては大きな駅であった。第三セクターの長良川鉄道になってからは検車設備を持つ建屋が設けられて当鉄道の拠点駅となった。廃止前の名鉄美濃町線が美濃駅を廃止した際、当駅に乗り入れ、接続駅になったこともある。◎1974年5月26日　撮影：荻原二郎

国鉄時代末期の美濃白鳥駅舎。こちらは「貨物列車廃止反対」の文字がみえる。第三セクター後の現在も駅員配置駅である。かつては国鉄自動車営業所があった。◎1974年5月26日　撮影：荻原二郎

国鉄時代末期の郡上八幡駅舎。「合理化反対」「無人化反対」の掲示が目立つ駅舎は、沿線各駅で見られた。この駅舎は建設以来の物で、第三セクター後も健在で平成29年には観光列車の周遊拠点駅として改装、整備され、郡上八幡城、夏の郡上踊り客を迎える瀟洒な駅舎となった。◎1974年5月26日　撮影：荻原二郎

正誤表

ページ	(誤)	(正)
7ページ下	明智駅	明知駅
24ページ上	キハ180系	キハ181系
39ページ下	キハ20形	キハ52形
41ページ中左	キハ20形	キハ17形
43ページ下	犬山公園	犬山遊園
55ページ下	入線	出発
61ページ下	モ763号	モ563号
64ページ本文	2001(平成13)年10月1日	2005(平成17)年4月1日
67ページ右上	冷房車	複電圧車
67ページ右上	5線製	5編成
67ページ下	ギヤー日	ギヤー比
72ページ上	1957年	1954年
72ページ 本文8行目	鏡島～合渡橋	鏡島～合渡橋
73ページ	右下写真と左下写真の解説文を入れ換え	
73ページ 本文2行目	名鉄広見線	ＪＲ太多線
76ページ 本文と写真解説	通標	通票
78ページ下	土岐市駅	下石駅
85ページ	明智鉄道	明知鉄道
86ページ 本文1～2行目	1983(昭和58)年2月1日	1984(平成元)年10月6日
86ページ 本文6行目	1988(平成元)年	1989(平成元)年
87ページ下	12系客車	14系客車
91ページ右上	明智鉄道	明知鉄道

『美濃加茂市史』に登場する高山本線、太多線、越美南線

飛騨縦貫鉄道の建設計画

飛騨を通り東海と北陸を結ぶ飛騨縦貫鉄道が話題にのぼりはじめたのは、明治20年代に遡る。明治25年、東海道線全通の直後、飛騨小坂の町民が鉄道敷設の運動を始めた。当時は日清戦争の直前であり、表日本と裏日本を結ぶ軍事目的のため、軍部も積極的に注目をしていた。

こえて28年、県は太田町に対し、飛騨縦貫鉄道建設について諮問したが、これに対して太田町長兼松欽次郎は「旅館や商店は一時的に損失をこうむることがあっても、将来は必ず利益になるから、できるだけ早く敷設してほしい」と答えている。この時の構想は、太田を通ることを前提とせず、関から金山へ通すという考えもあったようである。

43年には、飛騨縦貫鉄道期成同盟会が、飛騨３郡町村長会によって組織され、内務大臣に意見書が提出された。大正５年１月に再度意見書が出され、翌６年10月には時の内務大臣で鉄道院総裁の後藤新平が現地視察に訪れている。

「太田線」の争奪

これより先、日露戦争後、陸軍省の「一朝有時に際して兵力輸送上の時間問題」という軍事上の要求を入れて、鉄道院は陸軍省と協議の結果、国鉄名古屋駅から分かれ太田へ出、飛騨街道を北上し、富山に至る鉄道の建設を立案したが、大正の初期、衆議院鉄道建設委員会によって岐阜駅から鵜沼を通り、太田へ出るコースに変更された。

これに対し、関町を中心とする地域は、この案に反対し、関町が長良・津保川流域の貨物集散地である関係から、「太田線」が関町を経由することによって、地域開発に大きく寄与するとして、岐阜から関を経由して太田へ出るコースに変更するよう、政友会の代議士匹田鋭吉を中心に運動を展開した。これに対し、岐阜―美濃町間に路線を持つ美濃電気軌道は、民間企業を圧迫するものだと反対し、逆に、美濃電鉄社線の関―太田線の建設を発表した。

このように、スピードを目的とする岐阜―各務原―太田の建設委員会案、地域開発をかかげる関迂回案、美濃電鉄社線案の三つ巴の争奪戦となり、さらに政友会と憲政会の対立、政友会内部の対立（匹田鋭吉の関迂回案支持、佐々木文一の建設委員会案支持）まで起こり、政治問題となった。

このような地元の動きの結果、大正７年２月９日、衆議院で高山線（岐阜―高山間）、飛越線（高山―富山間）の鉄道敷設法案が可決され、３月１日に貴族院を通過し、決定した。

高山線の全通

高山線はその後順次工事が進められ、着工以来15年を要する難工事の結果、昭和９年10月25日に全長225.8キロメートルが851万6000余円をかけて全通した。飛越線は同時に高山線に編入された。開通祝賀式には、時の逓信大臣床次竹二郎が、高山線の車中からラジオで祝辞の放送を行なうという1こまもあった。

大正14年３月の時刻表によると、上り下りとも午前３本、午後３本の列車が、岐阜・美濃太田間を１時間10分前後で走り、３等料金が43銭であった。全通した昭和９年には、岐阜まで上り下りそれぞれ11本の列車が走り、１番速い列車の所要時間は36分であった。

太多線の営業開始

大正７年12月に東濃鉄道によって開設された多治見・広見間の軽便鉄道は、同15年９月25日に鉄道省が買収し、太多線となった。昭和３年10月１日には、木曽川に鉄橋も完成し、多治見・美濃太田間に延長され全線開通した。

同９年からガソリンカーによる運転が始められたが、戦争が激しくなると共に蒸気機関車に切り換えられた。同26年からは一部に気動車が運転されるようになり、翌27年12月26日には美濃川合駅が、美濃太田・広見間の無人駅として開業した。

越美南線の開通

高山線の美濃太田までの開通と並行して越美南線の美濃町までの敷設工事が始められ、大正12年10月５日に美濃町（現在の美濃市駅）まで開通し、同時に加茂野駅が開設された。加茂野口駅は戦後、昭和27年12月26日無人駅として開業した。

この路線は、大正８年12月の国会で越美線として美濃太田・福井間、工事費1800万円で決定されたものである。その後順次工事が進められ、昭和９年８月16日に美濃太田・北濃間が開通、同年10月25日の高山線全通によって現在のような鉄道網が整ったのである。

戦争などの影響で中止されていた越美南線・北濃と越美北線・九頭竜湖間の工事は、同53年度に工事路線として計画された。

越美南線の客貨車混合列車

越美南線では、昭和29年４月まで客貨車が１本の列車に編成され、客車には冬期間はだるまストーブが設備され、車中で乗客同志の交流がみられたが、気動車に切り換えられると共に姿を消した。

列車のディーゼル化

高山線で初めて気動車が運転されたのは同31年３月26日の岐阜・下呂間であったが、順次気動車化が進められ、同44年１月８日の「SLさよなら列車」の運転で高山線からSLは消え、完全に無煙化になった。

列車の気動車化にともなって、その整備・点検のため、市内川合町に同41年３月17日、美濃太田気動車基地が設置された。この基地は、高山線をはじめ関西線・山陰線・武豊線・能登線を走る気動車をすべて管理している。

神岡線

鉱山鉄道は「山の地下鉄」に変化

区間▼猪谷～神岡
駅数▼7駅
全通年月日▼1966（昭和41）年11月6日
路線距離▼20.3キロ
軌間▼1067ミリ

神岡線の試運転になぜかキハ35系が使われた。閑散線区で、寒冷地なのにどうしてだろうか。◎1966年10月　提供：朝日新聞社

高原川を渡る神岡線列車。JR時代の神岡線列車は高山本線と共通運用で、急行用車両や一般形車両が混用された。山間の渓谷美が見どころであった。◎1984年8月　撮影：寺澤秀樹

- ●猪谷 いのたに…………0.0km
- ●飛騨中山 ひだなかやま……2.4km
- ●茂住 もずみ…………5.2km
- ●西漆山 にしうるしやま……9.4km
- ●神岡口 かみおかぐち…・17.1km
- ●飛騨船津 ひだふなつ…・18.1km
- ●神岡 かみおか………20.3km

国鉄神岡線は1966（昭和41）年に開通した新しい路線であった。しかし、建設の目的の一つであった神岡鉱山の資源減少と業務縮小により、毎日4往復あった貨物列車が削減され、1984（昭和59）年10月1日には第三セクター化の神岡鉄道となった。

もともと神岡線には前史があり、1923（大正12）年に軌間762ミリメートルの馬車鉄道として富山県内の船津～笹津間37・0キロメートルに開通し、鉱山の軌道系輸送手段としたのが始まりである。鉱山の産出量増加に伴って1927（昭和2）年9月には構内軌道に合わせ軌間609ミリメートルの専用軌道としてガソリン動力となった。

1929（昭和4）年10月1日には、飛越線（高山本線の富山県側の建設線）の越中八尾～笹津間が開通して国鉄路線と繋がった。さらに1931（昭和6）年には前年11月27日に開通した猪谷駅に乗り入れるため笹津～猪谷間を廃止した。

その後、富山県の猪谷駅を起点とする三井鉱山の専用線となり、戦後は旅客の便乗も認めた。新設された国鉄神岡線は富山県内の駅を起点とするが、線路のほとんどは岐阜県側にある。1966（昭和41）年に国鉄神岡線が開業し、猪谷を出てすぐ高原川を渡った路線は約20キロメートルの路線の60パーセントがトンネルという山岳路線となった。

その後、第三セクター化後のこの路線の生命線であった貨物輸送が終わり、2006（平成18）年には廃止された。

鉱山鉄道時代とはルートを異にし、神岡駅を出てすぐに、高山方向に向かい高原川の左岸沿いに建設された。全線にわたってトンネルが多く、「山の地下鉄」と言われるくらいだった。（「軽便追想・高井薫平」より）

三井鉱山神岡軌道鹿間停車場。最後は、第三セクター神岡鉄道として消えていった神岡鉄道の元祖の時代である。三井鉱山神岡の時代、昭和初期には609㎜ゲージの構内専用鉄道であったが、これはその当時のものと思われる。この時代の機関車はガソリン動力といわれ、鉱山の製品を、運搬する貨車も沢山見られる。◎所蔵：生田 誠

終点駅のホームには上屋がかっている。何しろ鉱山鉄道が地方鉄道とされたのは1940（昭和20）年4月である。写真の客車は片側1枚の引き戸である。鉱山鉄道では珍しい濃硫酸用のタンク車の姿も見られる。旅客輸送開始後も、監督官庁から「危険」との判断が下され、運休したこともあるという。◎1960年12月　提供：朝日新聞社

列車が到着した後か、駅前に人が沢山いる賑やかな駅前風景である。こんな風景がいつも見られれば、ローカル線の運命も変わっていただろうか。◎1981年4月28日 撮影：安田就視

明知線

政治路線と言われても地域の足

区間▼恵那～明智
駅数▼8駅
全通年月日▼1933（昭和8）年5月24日
路線距離▼25.2キロ
軌間▼1067ミリ

国鉄時代の終点明知駅構内。気動車（キハ52）と貨物列車を牽いてきた蒸気機関車C12230が休んでいる。ローカル線の終着駅らしい光景である。◎1973年9月3日 撮影：安田就視

- ●恵那 えな…………0.0km
- ●東野 ひがしの………2.6km
- ●阿木 あぎ…………9.9km
- ●飯羽間 いいばま ‥12.7km
- ●岩村 いわむら……15.0km
- ●花白 はなしろ……18.3km
- ●山岡 やまおか……19.7km
- ●明智 あけち………25.1km

国鉄時代は明知線であった。地元の有力政治家の尽力で1933（昭和8）年に大井（現・恵那）～阿木間が開通、翌年6月に明智まで全通した。1957（昭和32）年3月、当時、本州の国鉄線では珍しかったレールバス（キハ02形）が導入された。その後、ディーゼル化と貨物列車の廃止を経て1985（昭和60）年11月16日の民営化で明知鉄道となる。

明知線は中津川機関区のC12形蒸気機関車が貨物列車を牽引し、35パーミルの勾配が有名だったが、山岡駅付近の峠を越える姿が多くの鉄道ファンを集めた。かつては名古屋鉄道管理局筆頭の赤字路線で、1955年にはいち早くレールバスが導入されたのである。

沿線の棚田風景や女城主の岩村城址、明智の大正村等見どころ豊富な観光資源の多い路線であったものの、過疎化とマイカーには勝てず、ついに第三セクターの明知鉄道となった。国鉄時代も幾度か廃線の危機があり、キハ02形導入時には、その前提とまで言われた。しかしその都度地元は存続に力を入れ、存続に努力したのである。特に起点の恵那市は熱心に活動し、存続を勝ち得たのである。かつて岩村電気軌道を廃線に至らせた明知線こそは地域の生命線だった。特に町全体を大正村として活性化を図りつつあった終点明智地区にとっては死活問題だった。

国鉄時代も色々と話題を提供したこの線も今日第三セクター明智鉄道賭して存続できたのは頼もしいことである。

JR最後の日には「さよなら」運転が行われた。国鉄時代から何度も廃線が叫ばれたが、地元の熱意で、第三セクター鉄道として存続している。◎阿木駅　1985年11月15日　撮影：鵜飼功一

国鉄が1950（昭和25）年開発した閑散線区用小型気動車でレールバスと呼ばれた。閑散線区と言えども学生が集中する時間帯などには輸送できず長続きしなかった。明知線には早くに導入されたが、やがて一般形に変わった。◎1959年2月　提供：朝日新聞社

急こう配区間で苦闘するC12の牽く貨物列車。煙がほぼ真っ直ぐにあがっている。C12型蒸気機関車は現車4～5両牽くのが精いっぱいだった。◎東野～阿木　撮影：荒巻克彦

キハ20形と貨物を牽いて来たC12230が休んでいる。ローカル線の終着駅らしい。◎明智駅　1973年4月9日　撮影：荒巻克彦

キハ20系2連の普通列車。明知線の最後はキハ20系が活躍した。◎岩村～花白　1981年4月28日　撮影：安田就視

樽見線

セメント輸送で活性化した路線

区間▼大垣～美濃神海
駅数▼11駅
全通年月日▼1956(昭和31)年3月20日
路線距離▼24.0キロ
軌間▼1067ミリ

民営化を翌日に控えた1984(昭和59)年10月5日に運転された「さよなら列車」である。樽見線での最大編成となる4両で運転された。◎北方真桑 1984年10月5日 撮影:鵜飼功一

終着駅時代の美濃神海駅に停車中のキハ07形。樽見線開業時には機械式の07形が配置され、4連運転時には運転士4名が乗務していた。美濃神海駅は民営化後に樽見まで延長した際に「美濃」が外された。◎1960年11月17日 撮影:荻原二郎

国鉄樽見線の歴史は、当初計画から40年後の1956(昭和31)年3月になって大垣～谷汲口21・0キロメートルが開通したことに始まる。建設工事自体は戦前に着工され、揖斐川鉄橋の工事は橋脚も完成して進んでいたものの太平洋戦争で中断した。再開までは東大垣の近くまで大垣駅の構外側線扱いの砂利採り線として活用されていた記憶がある。

しかし谷汲口まで開通した2年後の1958(昭和33)年4月、美濃神海まで2・0キロメートルを延長し、樽見線として営業開始した。明知線と同じく、こちらも政治路線と噂されたが1960(昭和35)年からは美濃本巣駅近くに建設されたセメント工場からの出荷が始まり、1・5キロメートルの構外側線と多くのホキ貨車が常備されて輸送が始まった。

この輸送によって樽見線の経営は上向き、美濃赤坂駅からの石灰輸送にも活躍した大垣機関区(当時は電車区に併設)の蒸気機関車C11形が、ときには重連で貨物列車を牽く姿も多く見られた。そのため樽見線の赤字は少ないものの旅客輸送は減少が続き、赤字路線となり、1981(昭和56)年には第1次特定地方交通線に指定され、1983年2月1日に第三セクター化された。

●大垣	おおがき	0.0km
●東大垣	ひがしおおがき	2.8km
●横屋	よこや	4.7km
●十九条	じゅうくじょう	5.7km
●美江寺	みえじ	7.6km
●本巣北方	もとすきたがた	10.9km
●糸貫	いとぬき	13.6km
●美濃本巣	みのもとす	16.3km
●木知原	こちぼら	20.3km
●谷汲口	たにぐみぐち	21.7km
●美濃神海	みのこうみ	24.0km

根尾川鉄橋を渡る臨時列車。桜の時期、夏休み等の多客時に乗り入れた臨時列車。◎木知原～谷汲口　1981年7月20日　撮影：安田就視

堤防にまで生える柿の木を見て走るキハ20系。樽見線の沿線本巣地区は富有柿が特産である。◎横屋～十九条　1971年10月28日　撮影：田中義人

終着駅当時の美濃神海駅舎。ローカル線の終着駅らしい「こじんまり」とした駅舎だが、駅員が配置されていた。◎1960年11月17日　撮影：荻原二郎

樽見線を往くキハ20系の列車。学生の利用時間帯にかかる列車だろう。かつてはキハ07(機械式気動車)の4連で運転士が4名乗務したこともある。◎木知原～谷汲口　1981年9月6日　撮影：寺澤秀樹

『恵那市史』に登場する中央本線と明知線

1 中央本線　鉄道黎明期

東西両京を結ぶ幹線鉄道として、東海道・中山道のいずれを採るべきかについては、明治３年（1870）の東海道調査に始まっている。

中山道については、明治４年、５年、７年、８年と調査を重ねたが、明治９年傭英国人建築師長「ボイル」の報告書には

東海道ヲ通過スベキヤ、或ハ中仙道ヲ伝行スベキヤノ疑問ハ正ニ氷解シ、即チ中仙道ヲ以テ適当ノ地ト決定セリ。其ノ故如何トナレバ、東海道ハ長延ナル道路全国中最良ノ地ニシテ、ソノ道筋海濱ニ接近シ、又中仙道ノ地形タルヤ之ニ反シテ、道路凶悪或ハ欠亡シタル所アリテ運輸ニ太ダ不便ナル地方ナルガ故ニ、之ニ鉄道ヲ延布スルニ於テハ実ニ広大ナル荒地ヲ開化結合シ、加之、両都及両海濱（日本海の敦賀と名古屋）ヨリノ往復ヲ容易ナラシムベキナリ」。とある。

（中略）

中山道幹線決定

明治16年、井上勝鉄道局長は「幹線鉄道敷設ノ儀ニ付、具状」書を提出しているが、その中で「東海道ハ第一ニ函嶺（箱根）ノ険アリ、第二ニ富士・安倍・大井・天竜等ノ大河アリ、之ニ向ヒテ工事ヲ施スハ実ニ容易ノ事ニ非ズ……」と述べている。

幹線鉄道は中山道と決定された。

東海道幹線へ変更

中山道幹線決定に伴い工事実測に入ると、意外の難工事であることがわかり、あらゆる面から東海道の方がすぐれていることに気付き、明治19年７月13日の閣議で東海道幹線への変更が議決された。

中央線敷設

明治19年、幹線鉄道計画は、中山道から東海道へと変更された。しかし陸軍は海上から攻撃される危険のない「本州内部ノ中央部ヲ貫通スル鉄道」の必要性を強調していた。

明治24年、鉄道長官井上勝が内務大臣に建議した。「鉄道政略ニ関スル議」では「国防上ノ必要」から「東京名古屋ノ両所ヲ連絡スル中央鉄道ヲ以テ最大緊急ナリトスルハ、軍人社会ノ定論ニシテ、世論モ亦是認スル所ナリ。……軍事上最重至要ナルモノナルヲ以テ、到底単線ニテハ十分ニ其目的ヲ達ス可ラス。」と要請していた。

明治26年鉄道会議は、諏訪名古屋間の三比較線路を審議した。

三河線は寒村を通過するので乗客も貨物も少いこと、清内路線は、人口も物産も多い所を通過するけれども、「アプト式ヲ要スル所」が13マイルもあり「中央幹線トシテハ甚ダ好マシカラヌ」こと、筑摩線は中津川近傍から開けて乗客も荷物も多くなり、工費も最も安いことなどが論議され、採決の結果、筑摩線16人、清内路線６人、三河線０人となり筑摩線と決定された。

そしてこの中央線建設の政府原案は、明治27年（1894）５月の第６回帝国議会の協賛を得て、同年６月法律第６号として公布された。明治25年公布された鉄道敷設法による第１期線である。

明治31年度に多治見中津間の実測を完了し、多治見釜戸間は32年12月から、釜戸落合間は33年８月に着工した。山あいを縫って進むため、最急勾配1000分の25、最小曲線半径402.3メートルと、急勾配の難所が続くこと、土岐川にのぞむ絶壁の地に資材を運ぶのに難儀したこと、第２久尻トンネル（523メートル）はすべて硬質花崗岩であるため、掘削は困難をきわめたが、中途水銀鉱脈を掘りあてたため坑夫らが鉱毒に冒され病に倒れる者が136名にも達したことなど、数々の困難を克服して、明治35年12月21日、多治見中津間、43.7キロメートルが開業した。

名古屋より東進する中央西線と、東京より西進する中央東線がすべて完成し、東京名古屋間が全通したのは、明治44年（1912）のことであった。

2 明知線　創生史

明知線の歴史は、明治29年に地元民が大井と遠州掛川間に、遠美鉄道の敷設を請願したことに始まる。

大正４年の総選挙にて、古屋慶隆が代議士となると、大井・掛川間鉄道敷設のために努力し、両町もまた、積極的に請願した結果、大正11年、大井・掛川間の鉄道は、敷設予定線に決定せられ、昭和２年の第52帝国議会において取あえず大井・明知間の敷設を定め、昭和４年起工、同10年完成と決定した。

然るに古屋代議士が昭和３年の総選挙に落選すると、某代議士が鉄道敷設の起点である大井町を、利用価値が少いとか、或は山を縫って工事を進めなければならないとか難癖をつけて、起点を瑞浪に変更の策動をし、瑞浪地区は関係町村で期成同盟を組織し、瑞浪・明知間鉄道敷設の大々的運動を開始した。又中津地区でも、中津・明知間鉄道敷設の運動を起し、中津・瑞浪地区の共同戦線をもって大井を覆さんとした。この為に大井・明知間13か町村は結束し、東京に事務所を設け、古屋の指示を受けて、水野県議、長谷川県議らが交々上京し、貴族院、衆議院の有力者によって既定方針の遂行運動を続けた。この結果貴族院議員、佐竹氏、湯浅氏、衆議院議員、工藤鉄男、岡本鉄太郎の諸代議士が、第52議会の決議尊重を主張し、小川鉄道大臣（昭2.5～4.7在職）が「予定計画を変更せず、決議案を尊重する」旨言明するに至った。大井町で特に明知線実現に東奔西走したのは市川久次、小沢糸次郎、古屋熊造、熊崎太郎、古田吾一、浅井宮蔵であった。

明知線開通

昭和５年の総選挙にて、古屋慶隆は再び代議士に当選した。昭和６年７月東野村停車場予定地で起工式が行われた。線路は18か所の橋梁と、２か所のトンネルと、東野・阿木間延長192メートルの稀にみる軟弱地盤を、見事貫通して、昭和９年６月全通した。総工事予算369万7000円であったが、諸物価下落のため、予算の約半額158万3000円、１キロ当り６万2388円で竣工した。

2章

私鉄

- 名古屋鉄道 名古屋本線
- 名古屋鉄道 各務原線
- 名古屋鉄道 広見線
- 名古屋鉄道 竹鼻線、羽島線
- 養老鉄道 養老線
- 西濃鉄道

併用軌道時代の犬山橋を往くキハ8500の「北アルプス号」。直通運転の最後の時代は「ひだ号」の増発により、美濃太田以遠は国鉄85系と併結運転となった。◎新鵜沼～犬山公園　1999年7月　撮影：寺澤秀樹

名古屋鉄道名古屋本線

岐阜と名古屋を繋ぐのが夢だった

区間▼豊橋～名鉄岐阜
駅数▼60駅
全通年月日▼1914（大正3）年1月23日
路線距離▼99・8キロ
軌間▼1067ミリ
最高速度▼120キロ

1957（昭和32）年9月から2両編成6本が新造された。5000系の非貫通先頭車から貫通型に変更して側面窓を下降式とした。非冷房で新造した最後の高性能車となった。写真は5000系を6両編成化するため、同年7月に新造したモ5150形2両を組み込み4両編成とした後である。下降式窓は後年保守上問題があったため改良された。

当時の新岐阜駅で発車を待つ5500系。特急の種別板が懐かしい。◎1965年頃　所蔵：名鉄資料館

名古屋鉄道の路線は岐阜県にも広がっている。名古屋鉄道の主流である初代名古屋鉄道は1926（大正15）年、犬山での木曽川への架橋の完成を待って10月1日に犬山線の犬山橋～新鵜沼間0・8キロメートルを延長開通したのが岐阜県に乗り入れた初めである。

これとは別に1930（昭和5）年に合併した美濃電気軌道はすでに1911（明治44）年に岐阜市内や美濃までの軌道を開通させ、電車による営業を始めていた。美濃電は自社路線の拡張を図るとともに、岐北軽便鉄道、長良軽便鉄道、竹鼻鉄道、各務ヶ原鉄道などを設立して経営参画し、周辺路線を拡充していった。

岐阜県内の名古屋本線は、新岐阜（現・名鉄岐阜）から笠松の木曽川鉄橋までの約5キロメートルの区間である。笠松までは1914（大正3）年、美濃電笠松線として単線で開通している。当時は岐阜市内線などの車両（モ510、520形等）を共用し、岐阜～笠松間で使用された。その後、旧尾西鉄道と名古屋鉄道（初代）木曽川橋駅との間をバス連絡で結ぶことで名古屋への新ルートとしたが、1930（昭和5）年に美濃電気軌道も初代名古屋鉄道と合併して名岐鉄道が発足した。その後、紆余曲折を経て木曽川架橋が実現し、1935（昭和10）年4月29日に新岐阜～名古屋（当時は押切町）が名岐鉄道の手によって直結された。

この際、新岐阜からの路線は一挙にグレードアップし、モ800形の新造、モ700、750形など名岐鉄道の車両が岐阜まで進出した。笠松駅は移設され、美濃電以来の区間の線路も複線化拡充され、現在の名古屋本線の一部となった。このとき旧来の笠松駅は西笠松と改名した。

駅構内の改良は徐徐に進んできたが、今なお残るJR線路上の単線区間は近い将来、高架化工事の際に解消する予定という。

【豊橋からの距離】

●笠松《かさまつ》……………………… 95.1km
●八剣《やつるぎ》……………………… 96.0km
●岐南《ぎなん》………………………… 96.9km
●下川手《しもかわて》…………………… 97.6km
●茶所《ちゃじょ》……………………… 98.3km
●加納《かのう》………………………… 98.7km
●広江《ひろえ》………………………… 99.1km
●加納（旧）《かのう》………………… 99.4km
●名鉄岐阜《めいてつぎふ》…………… 99.8km

戦前製の流線形850系が新岐阜駅4番線から出発。構内ホームの有効長は改良前の1・2番線が6両、3・4番線が4両の時代である。◎1982年3月
撮影：寺澤秀樹

桜の名所を往く7000系パノラマカー。この場所は映画に出たこともある撮影名所。桜は健在だが、パノラマカーはもう来ない。
◎東笠松（現：廃止）～笠松　2007年4月6日　撮影：田中義人

名鉄は現在の併結特急を運転する前、7000系や7000系の一部に白帯を巻き座席指定車として、併結運転を実施した。1991（平成3）年から翌年にかけ1000系パノラマスーパーの編成替えを実施し、6両固定編成の特急専用車に置き換え、白帯車は順次姿を消した。◎茶所～岐南　1988年10月　撮影：寺澤秀樹

パノラマスーパーの本線特急。特急政策が確立し、専用車1000系の6両固定編成が揃い、特急のグレードアップが実現した。新装なった笠松駅をバックに木曽川鉄橋に続く堤防を駆け上がる。◎笠松～東笠松（現在は廃止）　2008年4月3日　撮影：寺澤秀樹

新岐阜駅ホームに流線形3400系車両が見える。◎1965年4月　撮影：清水 武

美濃電時代の新岐阜駅のモ852とモ700系の姿が見える。手前から見て一番右の700系の止まっている線路は市内線の線路に繋がっていた。◎1941年3月　撮影：大谷正春

新岐阜駅の1番線に7000系パノラマカー、2番線にパノラマスーパー。改築前の新岐阜駅に新旧特急車が顔をそろえた。◎提供：名鉄資料館

岐阜駅周辺の鉄道・軌道路線（昭和2年）

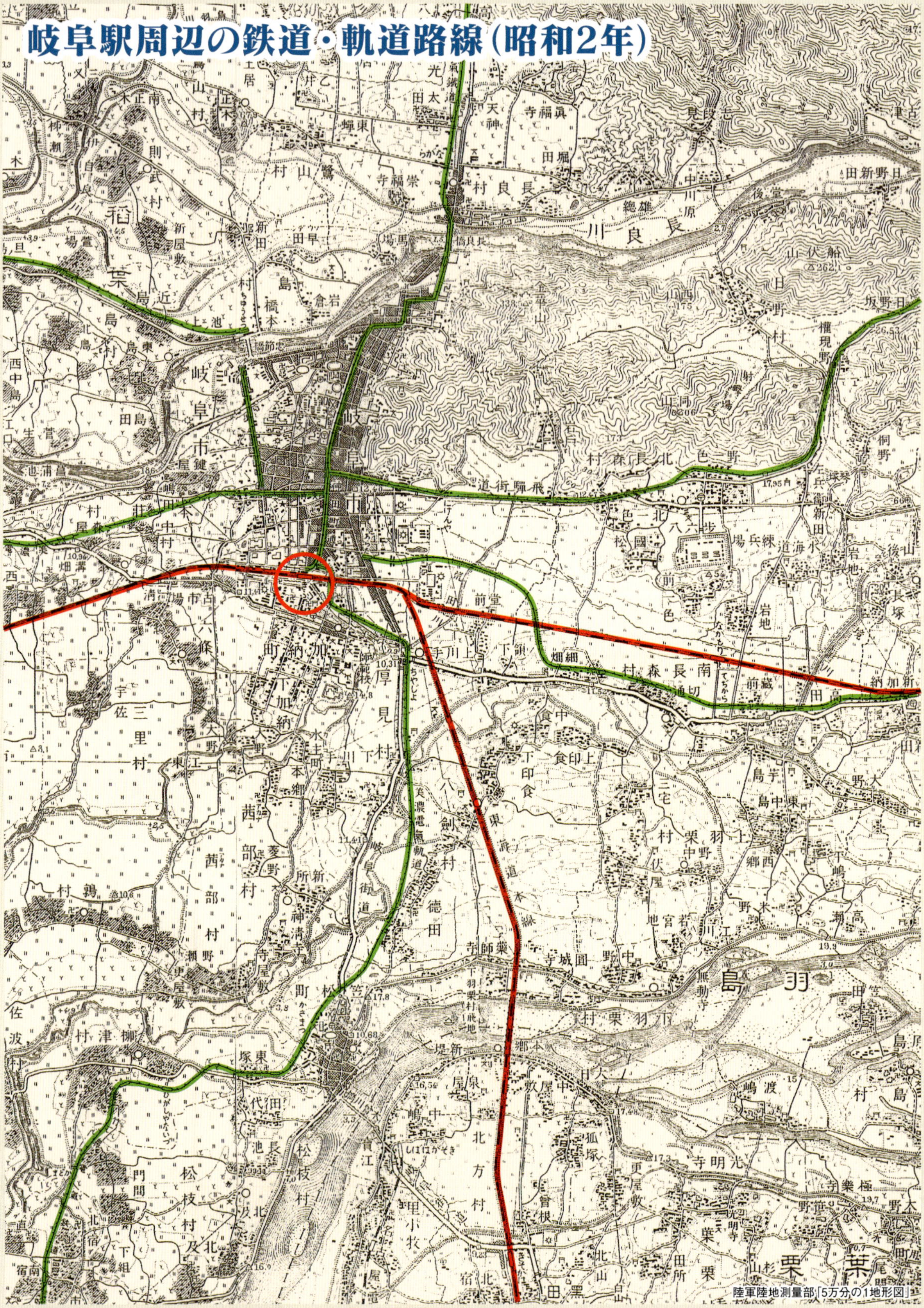

名鉄各務原線の岐阜方の終点はまだ「あらた」で止まっている。1928（昭和3）年12月に長住町（現・名鉄岐阜）へ延長。

大垣駅周辺の鉄道・軌道路線（昭和2年）

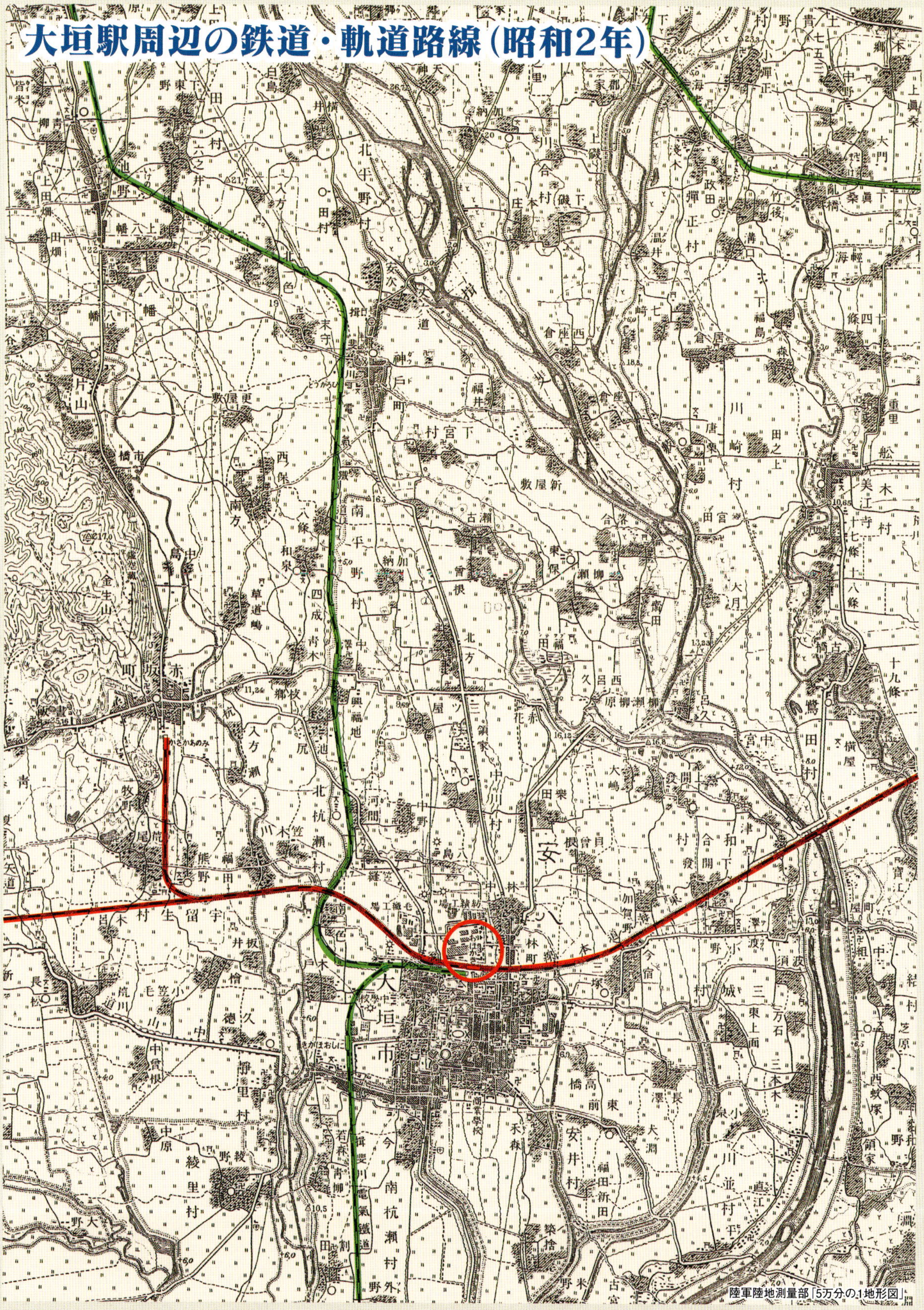

陸軍陸地測量部「5万分の1地形図」

まだ西濃鉄道は開業していない。1944（昭和19）年開通の東海道本線下り迂回線も開通前であり、南荒尾信号所の表示もない。

羽場～鵜沼宿を行く7500系パノラマカー。かつては本線特急専用の運用だったが、その数が増えるにつれ、支線区での運用が増えていった。写真の列車は新岐阜発で各務原線から犬山線に入る列車である。◎2002年8月11日　撮影：寺澤秀樹

名古屋鉄道 各務原線

軍事施設の従業員輸送から通勤通学路線に

区間▼名鉄岐阜～新鵜沼
駅数▼18駅
全通年月日▼1926（大正15）年1月21日
路線距離▼17・6キロ
軌間▼1067ミリ
最高速度▼95キロ

各務原線3400系とAL車普通列車。苧ヶ瀬駅を出て各務ヶ原の台地から鵜沼宿への低地へ下る。写真の3400系は定期検査のため4両固定編成を解かれ、検査終了の2両が他のAL車と組んで使用された。◎苧ヶ瀬～鵜沼宿　1989年8月　撮影：寺澤秀樹

各務原線《かがみがはら》は1925（大正13）年4月に美濃電気軌道も参加して会社が成立し、1926（大正15）年1月21日に安良田《あらた》（現・名鉄岐阜付近）～各務野（現・三柿野《みかきの》付近）間が開通した。その後、線路を東へ延ばし、1927（昭和2）年9月20日に東鵜沼（現・新鵜沼）まで全通した。翌年12月には用地買収の遅れていた岐阜側の起点を長住町（現・名鉄岐阜）まで延長した。このとき国鉄高山線は美濃太田を過ぎて上麻生まで開通していた。この年5月には美濃電に営業委託するなど苦戦したが1930（昭和5）年には美濃電が名古屋鉄道（初代）と合併、親会社が変わり、1935（昭和8）年3月28日に各務原鉄道も名岐鉄道に合併した。

戦時中、軍都各務原には軍の施設のほか、川崎航空機工場など軍事施設も多く立地し、その従業員輸送は活況を呈し、未電装の1500V車輌など他線区からの応援もあったが輸送は逼迫したという。しかし、終戦間際には爆撃の被害も大きく、名鉄線の中でも被害の多い線区だった。戦後も三柿野の航空機基地には進駐軍が駐留し、朝鮮戦争時には三柿野駅の基地内側線から出兵する兵士を乗せた寝台列車や貨物列車が国鉄の蒸気機関車に牽かれ、新那加までの各務原線線路を走った。

また、名鉄線では数少ない進駐軍専用列車も運転され、モ700形のうち、かつて御召列車にも使用された707、708、709等がGIカーとして選ばれ専用車として運転された。接収解除後の暫くはこげ茶色の車体に、リノリューム張りの床のまま使用され、「すごい電車」に乗った記憶がある。

その後、1964（昭和39）年3月15日には1500Vに昇圧、苧ヶ瀬～新鵜沼間の複線化実施、新鵜沼駅の配線を改良し犬山線と直通運転を実施し、通勤通学路線となった。

- ●名鉄岐阜 めいてつぎふ ………… 0.0km
- ●安良田 あらた ………… 0.4km
- ●田神 たがみ ………… 1.1km
- ●細畑 ほそばた ………… 2.9km
- ●切通 きりどうし ………… 3.9km
- ●手力 てぢから ………… 4.8km
- ●高田橋 たかだばし ………… 5.4km
- ●新加納 しんかのう ………… 6.6km
- ●新那加 しんなか ………… 7.5km
- ●市民公園前 しみんこうえんまえ ………… 8.1km
- ●各務原市役所前 かかみがはらしやくしょまえ ………… 8.7km
- ●六軒 ろっけん ………… 9.9km
- ●三柿野 みかきの ………… 11.2km
- ●二十軒 にじっけん ………… 12.4km
- ●名電各務原 めいでんかかみがはら ………… 13.7km
- ●競馬場前 けいばじょうまえ ………… 14.1km
- ●苧ヶ瀬 おがせ ………… 14.6km
- ●羽場 はば ………… 15.5km
- ●鵜沼宿 うぬまじゅく ………… 16.5km
- ●東鵜沼 ひがしうぬま ………… 17.7km
- ●新鵜沼 しんうぬま ………… 17.6km

7000系は2両編成と4両編成が新造された。2両編成車は併結特急運転時には重宝されて全車が白帯を巻かれたが、1000系登場後は任を解かれ、一般車として使用された。◎2009年7月19日　撮影：寺澤秀樹

各務原市はかって軍都と言われたこともある位で一聯隊前（各務原飛行場）があり、飛行団前（六軒）、補給部前（三柿野）、二十軒、二聯隊前と軍都らしい駅名が続いていた。軍事機密との理由から1938（昭和13）年1月21日と12月1日に駅名が改称されている。

各務原周辺の地形図（昭和７年）

陸軍陸地測量部「2万5千分の1地形図」

名古屋鉄道広見線

ベッドタウンとともに成長する路線

区間▼犬山～御嵩
駅数▼11駅
全通年月日▼1920（大正9）年8月21日
路線距離▼22・3キロ
軌間▼1067ミリ
最高速度▼90キロ

愛岐トンネルを行く800系さよなら列車。残り少なくなった旧型車両は、いろいろ形を変えてイベント運転が行われた。残っていたモ800形のうち、モ811は両運転台に復元改造した車両。◎善師野～西可児　1996年4月7日　撮影：寺澤秀樹

愛岐トンネルのパノラマカー。特急専用車だった7000系パノラマカーも数が増えた晩年は広見線の普通列車に運用されることもあった。名鉄では珍しいトンネルの愛岐トンネルは撮影名所でもある。◎善師野～西可児　2006年8月28日　撮影：田中義人

東濃地区では初代東濃鉄道（現在の東濃鉄道とは関係ない）が1918（大正7）年12月28日に新多治見～広見間11・8キロメートルに軌間762ミリメートルの蒸気鉄道を開業した。その後、1920年には広見～御嵩間6・8キロメートルも開業した。ところが1926（大正15）年9月25日に新多治見～広見間が鉄道省に買収されることになり、広見～御嵩間が宙に浮くことになった。そこでかねて延長計画を持っていた名古屋鉄道（初代）と木曽川水系に水利権を持っていた大同電力（現・関西電力）は旧東濃鉄道とともに受け皿として1926（大正15）年9月10日に東美鉄道を設立した。

広見～新多治見を鉄道省に譲渡し、9月23日には東美鉄道が広見～御嵩間の施設と八百津線申請の権利を引き継ぎ、既設区間の軌間を1067ミリメートルへの改軌工事と電化を行い、1928（昭和3）年10月1日から電車運転を始めた。伏見口（現・明智）から分岐する八百津線の新設工事も実施され、1930年10月1日に開業。車両は名古屋電気鉄道のデシ500形3両を譲り受けた。ダムサイトまでの延長は、ダム工事の延期により見送られた。

これとは別に、名古屋鉄道は1925（大正14）年に犬山口～今渡間12・4キロメートルに路線を拡げた。愛知県の犬山を起点としたが、目的はライン下りの拠点に駅を設け、さらには東へ延長し電源開発に資することであった。1929（昭和4）年には広見まで延長し広見線とした。

その後、東美鉄道のルートを変更し新広見駅に統合した。その後、御嵩（現・御嵩口）付近で亜炭が産出されるようになり、1938（昭和13）年頃から成績も向上したが1943年には現在の名古屋鉄道と合併した。戦中戦後は亜炭輸送で繁栄し、不況で中止されていた御嵩町市街地

雪を被った御嶽山と保存車3400系。◎西可児～可児川　2000年1月27日　撮影：寺澤秀樹

新通勤用車両は片側3扉、クーラー付きが標準仕様となり、混雑緩和と定時運転に大いに役立っている。◎下西可児～善師野　2000年1月27日　撮影：寺澤秀樹

への延長は1952（昭和27）年4月1日に実現した。

また、起点となる犬山線との分岐点も1946（昭和21）年3月1日、犬山口から犬山に変更され、犬山～御嵩間22・3キロメートルの路線となった。

1952（昭和27）～1954（昭和29）年には八百津からのダム工事線が建設され、資材輸送が行われ国鉄広見駅と新広見駅との貨車の授受は繁忙を極めたという。その際、関西電力が準備した電気機関車デキ250形は工事終了後に名鉄が購入した。

その後今渡駅からのライン下り客対策で1969（昭和44）年に駅名を日本ライン今渡駅（この駅舎は現在明治村へ移築され健在）と改称するなど、ライン下りの旅客や下呂方面への連絡バスの基地、果物狩りなど観光客輸送で賑ったが、現在は沿線人口の増加で通勤路線となった。しかし、新可児以遠は過疎化とマイカーの影響で旅客は減少を続け、明智からの八百津線は一時LEカーによる合理化を図ったが2001（平成13）年10月1日に廃止。新広見～御嵩間は現在、地元の補助を受けながら営業継続中である。

●犬山 いぬやま……0.0km
●富岡前 とみおかまえ……1.9km
●善師野 ぜんじの……4.0km
●愛岐 あいぎ……5.3km
●帷子 かたびら……7.4km
●西可児 にしかに……7.7km
●春里 はるさと……8.6km
●春里（信） はるさと……＊＊
●可児川 かにがわ……9.7km
●日本ライン今渡 にほんらいんいまわたり……12.2km
●古市場（信） ふるいちば……13.8km
●新可児 しんかに……14.9km
●前波 まえなみ……16.1km
●学校前 がっこうまえ……16.8km
●明智 あけち……18.4km
●顔戸 ごうど……20.0km
●御嵩口 みたけぐち……21.7km
●御嵩 みたけ……22.3km

昔おちょぼ稲荷、今は新幹線

名古屋鉄道 竹鼻線、羽島線

【竹鼻線】 区間▼笠松～江吉良　駅数▼9駅　全通年月日▼1921（大正10）年6月25日　路線距離▼10・3キロ　軌間▼1067ミリ　最高速度▼90キロ

【羽島線】 区間▼江吉良～新羽島　駅数▼2駅　全通年月日▼1982（昭和57）年12月11日　路線距離▼1・3キロ　軌間▼1067ミリ　最高速度▼70キロ

モ810の相棒で廃車まで両運転台の単車として過ごした。810号と相棒で、新岐からの直通列車として運用されていた。◎市之枝付近　1965年8月　撮影：清水 武

大須駅に進入する6000系列車。この日は乗客が多そうだ。◎2001年9月29日　撮影：寺澤秀樹

竹鼻線は現在、名古屋本線の笠松駅から分岐する支線である。本来は地元資本の竹鼻鉄道が美濃電気軌道の協力を得ながら、1921（大正10）年6月25日新笠松（現・西笠松）～栄町間7・8キロメートルを開業した。初代社長の青木四郎は西濃鉄道社長も兼務した。その後、9月には岐阜からの美濃電が従来駅を廃して竹鼻鉄道の新笠松駅に乗り入れ接続、笠松と改名した。1919（昭和4）年に4月1日には栄町～大須間8・4キロメートルが開通したことにより竹鼻線が全通した。

1935（昭和10）年4月29日には起点の笠松駅（現・西笠松）が、名古屋本線の木曽川架橋の実現で現・笠松駅の位置に移転した。しかし、東海道新幹線の羽島駅前に至る羽島新線が1982（昭和57）年に開通し、復活した江吉良駅から大須駅間6・7キロメートルは支線の支線となり2001（平成13）年10月1日に廃止され、笠松～新羽島間11・6キロメートルの路線となった。なお戦後、600V時代の大須駅には電気機関車、付随客車が常駐し、ラッシュ時の輸送力確保に付随車の付け替えを担当したという。

当時の大須駅は現在「おちょぼ稲荷」で有名となった大須観音への参詣窓口として賑わい、かつては西笠松～柳津間の国道（現・県道）跨線橋の橋桁には「おちょぼ稲荷参詣電車」と大書きされていた。電車にも「おちょぼ稲荷号」の標板を付けて走った。

神社仏閣の参詣路線は、かつては鉄道で参詣に出かけるのが当然であったが、現在ではその手段は多様化して、鉄道への依存度が下がり、よほど近いか便利でないと利用されないのが実情である。それにしてもTVに写るおちょぼ稲荷の盛況は見事である。

【竹鼻線】

●笠松 かさまつ……0.0km
●笠松口 かさまつぐち……0.3km
●西笠松 にしかさまつ……0.9km
●東須賀 ひがしすか……1.5km
●東柳津 ひがしやないづ……2.6km
●柳津 やないづ……2.9km
●門間 かどま……4.0km
●南宿 みなみじゅく……5.2km
●須賀 すか……6.1km
●不破一色 ふわいしき……7.0km
●曲利 まがり……7.4km
●竹鼻 たけはな……8.6km
●本覚寺前 ほんがくじまえ……8.9km
●羽島市役所前 はしましやくしょまえ……9.6km
●江吉良 えぎら……10.3km
●牧野 まきの……10.9km
●長間 ながま……11.5km
●中区 なかく……12.2km
●沖 おき……12.7km
●市之枝 いちのえだ……13.4km
●美濃石田 みのいしだ……13.9km
●正専寺前 しょうせんじまえ……15.0km
●八神 やがみ……15.5km
●桑原 くわばら……16.0km
●大須 おおす……17.0km

【羽島線】

●江吉良 えぎら……0.0km
●新羽島 しんはしま……1.3km

竹鼻線の水田地帯を往くモ6800系列車。景色の良いところは総じて乗客が少なく残念である。
◎市之枝～八神　2001年5月　撮影：寺澤秀樹

新羽島駅のク7300系。羽島新線は新幹線開通に遅れること20年弱、1982（昭和57）年12月11日に開業した。列車は竹鼻線からの直通で急行運転もあった。車両は在来線と共通であり、種々の車両が出入りした。バックに見える新幹線駅上りホームには0系車両が入線するところである。◎1982年12月18日　田中義人

近鉄養老線大垣駅は、揖斐方面と桑名方面がスイッチバックの形で進入してくる。揖斐線の室駅付近からは両方向の列車が並走することもある。写真のモ5306は元関急が名古屋乗り入れ用に新造したモ6301形で「緑の弾丸」と呼ばれた。その後改軌等変遷を重ね、形式をク5300形に変更して養老線にやってきた車両である。◎1975年10月　撮影：野口昭雄

第三セクター鉄道として奮闘中

養老鉄道養老線

区間▼桑名～揖斐
駅数▼27駅
全通年月日▼1913（大正2）年7月31日
路線距離▼57・5キロ
軌間▼1067ミリ
最高速度▼65キロ

近鉄揖斐駅は近鉄養老線の北の終点で、かつて貨物扱いもあり、広い構内と駅前広場を持つ。電車はモニ6221形。旧伊勢電の車両が名古屋線で改軌されて再度1067㎜化されて養老線にやって来た。◎1973年8月28日　撮影：安田就視

２０１７年に10周年を迎えた養老鉄道は、かつての近畿日本鉄道（近鉄）養老線である。養老鉄道は地元出身の立川勇次郎の手で１９１３（大正２）年に池野～大垣～養老間24・７キロメートルを蒸気鉄道として開業した。

やがて北は揖斐、南は桑名（三重県）まで延長し、１９１９（大正９）年４月27日に全線57・６キロメートルの路線が全通した。さらに１９２４（大正12）年５月18日に１５００Ｖ電化の電気鉄道となった。当時１５００Ｖの電化は珍しく、現在の近鉄南大阪線の大阪鉄道が１９２３（大正12）年４月にわが国初めての１５００Ｖ電化を実施し、当社はそれに次ぐものであった。

その後、社名は合併や分離などによりたびたび変化したが、１９４４（昭和19）年６月１日に近畿日本鉄道の路線となり、長年にわたり近鉄養老線として親しまれた。しかし、２００７年には近鉄の別会社となり２０１７年に10周年を迎えた。それも２０１８年１月からは沿線市町村出資の「養老線管理機構」が設立され、第三セクター鉄道に変わった。

多度神社への参詣、養老の滝、揖斐からの谷汲山参詣などの観光ルートとして期待された養老線のもう一つの使命は、桑名で関西本線、大垣で東海道本線と連絡することで伊勢湾岸と北陸方面への短絡ルートを形成し、通過旅客と

●桑名 くわな ……0.0km
●東方（信） ひがしかた ……0.7km
●播磨 はりま ……1.6km
●下深谷 しもふかや ……4.0km
●下野代 しものしろ ……6.6km
●多度 たど ……8.6km
●美濃松山 みのまつやま ……11.9km
●石津 いしづ ……14.2km
●美濃山崎 みのやまざき ……16.2km
●駒野 こまの ……19.8km
●美濃津屋 みのつや ……24.5km
●養老 ようろう ……28.8km
●美濃高田 みのたかだ ……31.8km
●烏江 からすえ ……34.5km
●大外羽 おおとば ……36.0km
●友江 ともえ ……37.4km
●美濃青柳 みのやなぎ ……39.4km
●西大垣 にしおおがき ……41.2km
●新室 しんむろ ……42.2km
●大垣 おおがき ……43.0km
●室 むろ ……44.1km
●四軒家（貨） しけんや ……44.5km
●北大垣 きたおおがき ……45.4km
●河間（貨） がま ……46.3km
●東赤坂 ひがしあかさか ……47.5km
●広神戸 ひろごうど ……50.3km
●北神戸 きたごうど ……51.9km
●池野 いけの ……53.5km
●北池野 きたいけの ……54.4km
●美濃本郷 みのほんごう ……55.2km
●揖斐 いび ……57.5km

近鉄養老線の国道踏切・モ5101。この道路は当時は国道で交通量も多く、早くに踏み切り連動の交通信号機が設置された。電車は元伊勢電の車両で1926(大15)年製。1945年に廃車。◎1959年　提供:朝日新聞社

デ25の牽くセメント列車。桑名(東方)から大垣まで荷扱いはしない。◎駒野〜美濃津屋　1975年7月26日　撮影:安田就視

養老鉄道(旧・近鉄養老線)も近代化が進み、1984(昭和59)年には3桁番号に改番された。1963(昭和38)年製のラビットカーはじめ、それ以降製造の車両に変わり、色も旧近鉄カラーのマルーンに統一された。

貨物の獲得を目的として計画された。国鉄貨物輸送の廃止までは通過貨物が多くあり、直行貨物列車も設定されていた。

その真価を発揮したのは、1959（昭和34）年9月の伊勢湾台風後、関西本線も近鉄名古屋線も桑名〜名古屋間が長期不通となり（近鉄はこの間に名古屋線の改軌工事を実施）、名古屋方面への旅客を大垣経由で輸送したことである。また、貨物は最盛期を迎えていた黒部ダム工事用のセメント輸送を養老線経由で実施した記録がある。養老線は桑名から養老山脈の裾を迂回しており水没を免れ実施できた。その後、道路整備とマイカーの普及でその迂回ルートで苦戦を強いられているのが実情である。

このほか岐阜県は、1930（昭和5）年から岐阜〜大垣間の国道（岐垣・ぎえん国道）を失業対策事業の一として整備したその際、揖斐、長良の両河川に架かる鉄橋の建設費用の一部を当時岐阜への延長を計画していた養老鉄道を合併した伊勢電気鉄道の負担として鉄橋の下流側を複線鉄道用の構造とした。しかし、その後も鉄道が敷設されることなく権利は近鉄に引き継がれていた。1965年に国道が県道に変わる頃、その権利は岐阜県に寄贈、現在は道路として舗装され、鉄橋部分だけ幅の広い、特異な道路となっている。

美濃赤坂駅での貨車入れ替え。この頃はホッパー車の姿より、テム、テ、などの有蓋車が多く入線し、輸送していた。一般貨物もあり、輸送品目も現在のように石灰石一色でなく、荷主の数も多かった。◎1970年 撮影：清水 武

●美濃赤坂（貨）みのあかさか‥ 0.0km
●美濃大久保（貨）みのおおくぼ ‥ 1.1km
●昼飯（貨）ひるい ‥‥‥‥‥‥ 1.9km

●昼飯（貨）ひるい ‥‥‥‥‥‥ 0.0km
●採掘場（貨）（さいくつじょう）‥‥ 0.5km

鉄鋼産業の縁の下の力もち

西濃鉄道 市橋線

区間▼美濃赤坂〜猿岩
駅数▼4駅
全通年月日▼1928（昭和3）年12月17日
路線距離▼2・6キロ
軌間▼1067ミリ

長年にわたって西濃鉄道を2105号機とともに支えた蒸気機関車B6こと2109号機。数多くのB6の仲間でも長寿を保ちSLファンの人気も高かった。現在は埼玉県の日本工業大学で動態保存されている。◎昼飯線乙女坂〜美濃赤坂 1964年 撮影：清水 武

国鉄美濃赤坂支線のところでも触れたが、西濃鉄道は現在では珍しい貨物専業の鉄道である。この鉄道は当時の国鉄駅までの悪路に悩まされた町内の石灰業者が出資して設立した鉄道であり、いわば専用線の集合体であった。かつては、西へ向かう昼飯線1・9キロメートルと北へ向かう市橋線2・6キロメートルがあったが、現在は市橋線の猿岩までの2・0キロメートルで営業を続けている。

国鉄の貨物最盛期には一般貨物輸送も扱い、石灰製品も美濃赤坂駅常備の鉄側有蓋車（テ・テム形式）が主力で輸送していたが、現在は専用貨車による新日鉄名古屋工場への輸送に1日3往復の列車が運用されている。なお、戦前の一時期、旅客輸送も実施し、鉄道省最初のガソリンカーであるキハニ5000形の運転線区としても有名である。戦時の中断を経て戦後の国鉄線では気動車運転が復活したが、西濃鉄道への乗り入れは復活しなかった。

西濃鉄道は古典蒸気機関車B6（イギリス製2100形）の活躍が有名であったが、1964（昭和39）年、ディーゼル機関車を採用した。一時は他社からの購入機も在籍したが、今日まで自社発注機と旧国鉄型ディーゼル機関車により運転されている。余談だがかつての在籍機関車B6（2109号）は大井川鉄道を経て、幸いなことに現在は埼玉県の日本工業大学で動態保存されている。

日本工業大学で動態保存されている2109号。大学のイベント時などに動く。

乙女坂駅での積み込み作業。現在西濃鉄道からの石灰石は乙女坂駅ホッパーの下を2～3両分ずつ貨車を移動させながら行っている。このため出荷工場は地上設備を保守管理するだけで、積み込み作業は無人で行われている。◎2015年5月30日　撮影：寺澤秀樹

乙女坂からの発送車（積車）を牽いて美濃赤坂駅に到着した西濃鉄道のDE10501からJR貨物の機関車EF641035にバトンタッチする。現在は1日3回、この光景がみられる。かつてはEH10がやってくることもあったし、現在はEF510等の姿も見られる。◎2016年9月25日　撮影：寺澤秀樹

美濃大久保駅で入れ替え中の西濃鉄道のDD101（自社発注機）。現在は石灰石輸送のホッパー車しか見られない、西濃鉄道でもかつては一般貨車による輸送もあり、様々な種類の貨車が入線していた。◎1982年3月12日　撮影：田中義人

『可児市史』に登場する名鉄今渡線と東美鉄道

名鉄今渡線

町域内西部の鉄道は、名古屋に本社を置く名古屋鉄道株式会社（以下名鉄と略称）が愛知県犬山町から岐阜県加茂郡太田町（現美濃加茂市）に至る13.4キロメートルの太田線敷設免許を大正９年に受けていた。しかし、着工は第１次世界大戦後の不況で延期され、大正12年の半ばになって用地買収にかかった。沿線に当る各町村は、この鉄道の実現を歓迎し、今渡町今渡区では、駅用地の無償提供をするために区民に寄付金を募り土地代金に充当している（今渡・浅間組、組内行事日記）。また、土田村では、大正13年９月の第11回村議会で村有の原野１町２反余を無償で名鉄への譲渡を満場一致で可決している。

「本村ハ可児郡西北端ニ偏在シ東北ニ木曾川ノ奔流ヲ控ヘ、西南ハ山岳丘陵ニ囲マレ、交通最モ不便ニシテ日用品ヲ初メ生活ニ必要ナル物資ハ、之ヲ購入スルニ頗ル高価ナルニ反シテ販売ス可キ生産物ハ却テ廉価ナル等、村民カ直接・間接ニ蒙ルヘキ損害決シテ尠シトセス、然ルニ今回、名古屋鉄道株式会社ニ於テ電鉄ヲ敷地セラルルニ当り、前記鉄道用地ヲ会社へ無償ヲ以テ譲渡シ其ノ代価トシテ該路線ヲ特ニ本村ヘ迂回セシメ、以テ運輸交通ノ便ヲ図ラムトスルニ在リ」（土田村村議会会議録）これは、その時の村長の提案理由である。

工事は、将来の拡張に備え複線分の用地を確保し、トンネルなどは複線分の工事が施工されていた。

大正14年４月24日に開業し、翌25日に今渡駅構内で開通祝賀会が開かれた。今渡―犬山口間を所要時間25分、運賃30銭であった。運転は、33分～１時間毎であった。駅は、犬山口・富岡前・善師野・愛岐・帷子・春里・ライン遊園・今渡であった。

今渡から太田への延長は、高山線の開通により鵜沼で連絡できるとし免許を返納している。

広見への延長

今渡から広見への延長は、名鉄が今渡―八百津に至る鉄道敷設願を申請し、同様に、木曾川の水力開発を目指した大同電力（現関西電力の母体）が加茂郡古井町（現美濃加茂市古井）より八百津町へ至る鉄道敷設を申請し、２社競願となった。鉄道省は、前述のように東濃鉄道の広見―新多治見間の買収、太多線の開通に伴い、東濃鉄道の経営対策上からも、東濃鉄道・名古屋鉄道・大同電力の３社が、おのおの40万円ずつ出資し新会社を設立し、新会社によって八百津町までの鉄道敷設の協約を締結させた。そして今渡―広見間の敷設権は名鉄に免許され、昭和３年に工事に着手し、昭和４年１月22日営業が開始され、今渡線は広見線と改称された。新広見―犬山口間を所要時間20分（単台車からボギー台車に変りスピードアップ）、運賃36銭、運転回数は40分毎に運転された。

東美鉄道

前述のように３社（東鉄・名鉄・大同電力）による新会社は、大正15年９月10日に創立総会を開き、社名を東美鉄道株式会社とし、資本金を３社40万円ずつの120万円とし、東濃鉄道の現物出資を20万円と見なしそれを加算し資本金140万円とし、本社を中村（現御嵩町中町）においた。これまでの軌間を標準狭軌（1067ミリメートル）への拡幅と電化工事、広見街内の路線変更（この時前波駅を新設）をして、昭和３年10月１日から営業を開始した（太多線開通と同時）。

駅は、御嵩（現御嵩口）・顔戸・伏見口・学校前・前波・新広見で、所要時間18分、１日24往復であって運賃は、御嵩―新広見間20銭であった。

昭和５年４月30日伏見口より兼山間が開通し、同年１月10日に、八百津まで延長したが、錦織への延長は、大同電力の発電所建設が延期されたので中止された。

東美鉄道の名鉄への合併

昭和18年３月１日東美鉄道は名鉄と合併した。合併条件は、東美鉄道株10に対し、名鉄株９の割合であった。この時に前波駅は廃止されたが、前波集落の住民は、先の東美鉄道に鉄道用地の買収に応ずる代償に、前波駅を設置するという条件であったので、会社側と交渉し駅の存続を申し出たが、会社側は、前会社とのことであると、それに応じず廃駅となった。この合併により広見線は犬山口―御嵩間となった。

広見線の戦後の改良

昭和21年３月起点を犬山口から犬山へと移し、昭和27年４月旧御嵩駅を御嵩口駅とし、そこから600メートル延長し御嵩駅とし営業を開始、広見線は、犬山―御嵩間の22.3キロメートルとなった。

広見線の昇圧と複線化

昭和30年代後半に入ると高度成長経済発展に伴い可児地域からも名古屋方面への通勤・通学者が増加し、輸送力の増強をせまられ、広見線の600Vから1500Vへ昭和40年に昇圧され、同年９月より新名古屋などへの直通電車が乗り入れられた。

また、犬山―広見間の複線化工事が昭和41年10月から始められ、新広見までの工事完了は昭和45年３月で、これによって大幅に輸送力は増大し、新広見―新名古屋間のスピードアップがなされ所要時間は44分に短縮された。

しかし、その反面昼間乗降客の少ない駅の間引き運転が昭和43年８月から実施され、翌44年３月には、愛岐・帷子・春里の３駅が統合され、西可児駅が現在地に設置され、ライン遊園駅が可児川と、今渡駅が日本ライン今渡と改称された。

このようにして複線化により、対名古屋方面への交通は、ますます便利になり町内各地に大規模住宅団地が建設される条件の１つとなった。

3章

消えた路線

- 岩村電気軌道
- 名古屋鉄道 岐阜市内線
- 名古屋鉄道 美濃町線
- 名古屋鉄道 高富線
- 名古屋鉄道 揖斐線
- 名古屋鉄道 鏡島線
- 名古屋鉄道 谷汲線
- 名古屋鉄道 田神線
- 東濃鉄道 駄知線
- 東濃鉄道 笠原線
- 北恵那鉄道

北恵那鉄道中津町駅。1978(昭和53)年9月の廃止1カ月の中津町駅ホームに佇むモ763号。昼間は電車運転を休止し、バスが代行していた。奥に留置されたデ2は1924(大正13)年創業時の新造でラジアル台車の単車で貨車も牽いた。1957(昭和32)年名古屋市電払い下げの台車ブリル76E-2に交換し、その後、ポールをZパンタに変更したが廃線まで構内入れ替えに使用された。◎1978年8月12日　撮影:寺澤秀樹

岩村終点で荷扱い中の貨物電車。背後には矢作水力の木ノ実峠を越える索道の支柱も見える。◎所蔵：生田 誠

岩村電気軌道

地元の資産家が起こした岐阜最古の軌道

区間▼大井停留所～岩村停留所
駅数▼5駅
全通年月日▼1906（明治39）年12月5日
路線距離▼12・6キロ
軌間▼1067ミリ
休止年月日▼1934（昭和9）年4月1日
廃止年月日▼1935（昭和10）年1月30日

小沢停留場で行き違いする旅客電車。貨物輸送主体の岩村電気軌道では、旅客電車は貨物の続行で運転されたというが、旅客電車同士の行き違いである。◎所蔵：生田 誠

●大井 おおい ……………… 0.0km
●円通寺前（正家） えんつうじまえ（しょうけ）‥ ＊＊
●東野口（向島） ひがしのぐち（むかいじま）‥ ＊＊
●駒瀬 こませ…………………… ＊＊
●小沢 おさわ ……………… 6.1km
●山王下 さんのうした………… ＊＊
●飯羽 いいば…………………… ＊＊
●箕之輪（分岐点） みのわ ……＊＊
●岩村 いわむら…………… 12.6km

国鉄中央本線が1902（明治35）年12月21日に中津川まで開通し、大井駅（現・恵那）までに開通した4年後の1906（明治39）年12月5日に開通した。最初の会社名は「岩村電気鉄道」であったが明治40年頃に「岩村電気軌道」と変更した。岐阜県で最も古い開業で、全国でも古いほうである。地元の資産家浅見與一右衛門が大株主であり資本金10万円でスタートした。

大井～岩村間12・3キロメートルの単線軌道は、山間の道路沿いに敷設され貨物輸送も実施した。開業時は客車1両、電動貨車2両であり、列車の運行回数は客車3往復、貨物5往復であり、客車は貨物の続行運転で対処したという。養蚕業で栄えた沿線からはその製品や資材の輸送で賑い、動力の電気も岩村川に設けた発電所から供給し、沿線への電燈事業も兼営していた。

この間、1919（大正8）年11月には、電力王といわれた福沢桃介が山向こうの矢作川水系に発電所建設を計画した。岩村から木ノ実峠を越える貨物索道を建設したため岩村電気軌道の業績は上がり、年1割2分の配当をするほどだった。しかし、ダム建設の資材輸送には岩村電気軌道の輸送力では不足ということで1920（大正9）年に矢作水力と合併された。この年には客車4両（プラス1両）、電動貨車5両（プラス1両）となり、輸送力としては最大となった。その後、順調な成績を上げたものの1934（昭和9）年3月31日に国鉄明知線が開通して営業休止となった。なお、運行車は岩村発を下りとし、大井発を上りとしたが、これは浅見の「こだわり」だったという。翌1935年10月2日には廃止となった。現在、廃線跡はダム湖の底になっているところもある。明知等、岩村以遠の電車が届いていなかった町村にとっては、国鉄明知線の開通は待望久しかったのだろうが、蒸気機関車の力に驚かされた。

『恵那市史』に登場する岩村電車

浅見与一右衛門

明治35年中央西線の名古屋中津川間が開通すると、城下町として長く商業の中心地であった岩村の地位が一転した。これを見た浅見与一右衛門は、岩村を守るために大井岩村間に鉄道馬車を、後に研究の結果電車を敷設して、旅客及貨物を運ぶ計画を立てた。

しかし当時電車によって貨物を運ぶ例は全国に１つもなく、大井岩村間３里の道は、曲りくねったせまい谷と急傾斜の山腹の連続する難所であり、更に岐阜県には電気事業に関する法規も未だ全くないといった状況で、この計画の実現には最初から多大の難関が予想された。

明治36年岩村電気軌道株式会社は設立されたが、困難の第１は山間僻地において10万円以上の資金を集めることであった。36年４月石橋新七は２人連れで、飯田方面へ株の募集に出かけている。９日より17日まで８泊を重ねて、飯田町で10株、並合村平谷村各１株の計12株、その保証金24円、諸費用合計17円95銭、差引６円５銭差上、といった状況１つをとってみても、その１班を伺うことができる。与一右衛門は最初に300株、明治40年には実に397株、額面１万9850円を１人で背負った。

困難の２は工事着工の翌年、日露戦争が勃発したことであった。百般の新事業は中止され、電鉄など無用の贅物の観を呈し、成功の暁といえども到底収支償わずと、事業の中止を希望する者さへ多出したことである。

困難の３は37年の水害であった。工事半ばにして全部の流失箇所相つぎ、請負人は遁走し会社の損害は数うるにいとまなく、増資せんとするも応ずる者なしといった悲境に際会したのである。

この難局に処して社長浅見与一右衛門は泰然自若、臨機の処置に誤なく、予算を超過すること５万円余、総計15万9737円をもって、明治39年12月５日運転を開始したのであった。小沢に発電所を設け、京都から定員32人25馬力の車両２両を購入して、旅客、貨物各１両をあてた。当時「電車ニテ貨物ノ運搬ヲナスハ全国ニ其ノ例ナク……」と運輸業は勿論一般からも注目を集めた。当時１日に６回の運転をしたが、明治41年度には乗客月平均3339人、貨物月平均10万5051貫を運んだ。貨物の主なものは、木材、繭、肥料、穀物、味噌、たまりなどであった。電車工事完了後、明治40年には、会社は電灯工事を起し、岩村、本郷、東野、長島、大井、坂本の６か村に1600余の電灯をともした。この電灯収入が会社の経営を潤したという。

電車賃

開業当時、大井・岩村間片道大人16銭であった。片道乗車券は表・裏両面印刷の硬券で、乗車券に番号は入っていない。縦５枚綴りになっており、１枚１枚の間にはミシンが入っている。横にもミシンが入っているのは、印刷の時にまとめて作成したものであろう。

「往復金五拾九銭の切符は大井・岩村片道30銭からみると、大正時代と思われる。往復切符を買うと１銭割引きして59銭であった。

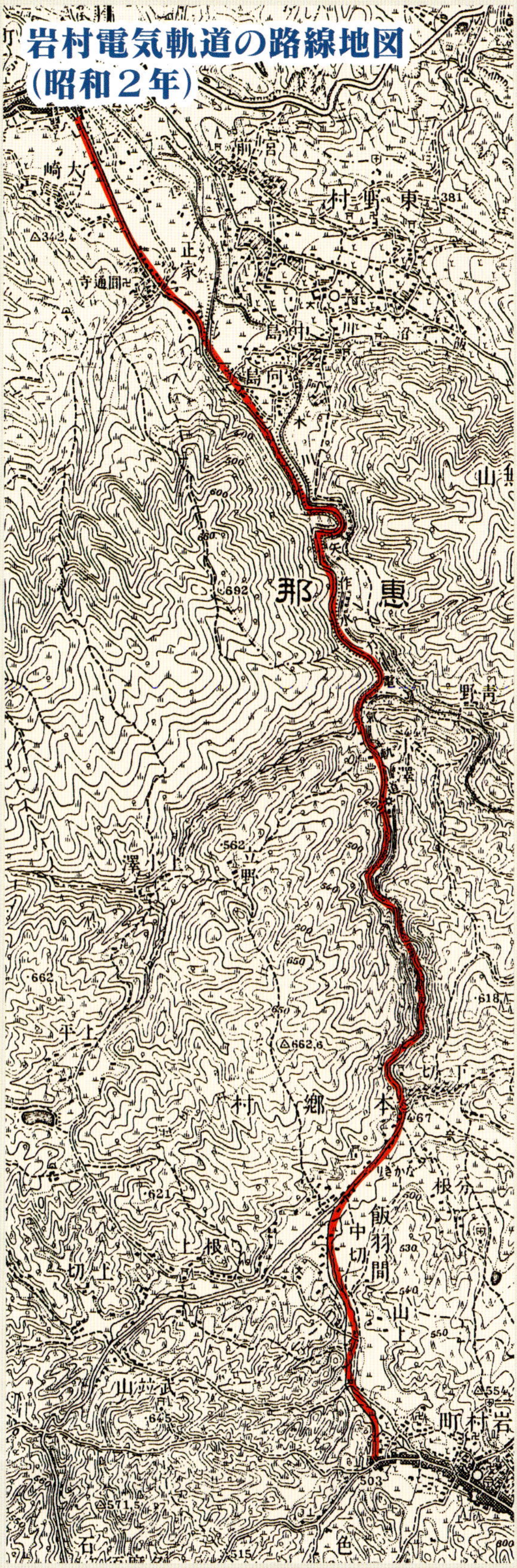

峠越えを避けながら、小さな渓谷を頼りに大井（現・恵那）～岩村の約12キロを１時間近くかけて結んでいた。

美濃電の華として、岐阜市内を駆け抜けた

名古屋鉄道岐阜市内線

区間▼岐阜駅前～長良北町・忠節
駅数▼20駅
路線距離▼7・6キロ
軌間▼1067ミリ
開業年月日▼1911（明治44）年2月11日
廃止年月日▼2005（平成17）年4月1日

戦前の岐阜市内線の車輌。木造単車の14号。側面の縦板目がよく解る。ポールにオープンデッキと、戦前の車輌の標準スタイルである。◎1941年3月　撮影：大谷正春

新岐阜駅前のモ31号。隣の岐阜乗り合いバスのスタイルも時代を感じさせる。モ30形は元瀬戸電の車両で1952（昭和32）年に岐阜へ転属してきた。その際モーターを交換し（デッカーの37.5kW）となり、制御器もGE製となり、両数も5両あったことから、廃線まで活躍した。◎新岐阜駅前　1967年3月　撮影：清水武

岐阜地区の名鉄線は1960（昭和35）年4月22日の軌道・高富線（長良北町～高富）5・1キロメートルを最初として、1964（昭和39）年10月4日の軌道鏡島線4・4キロメートルが廃止。中部未来博開催を機にバス輸送路線を確保するとして1988（昭和63）年6月1日には長良北町～徹明町間を廃止。このとき路面電車の平面交差がなくなった。

2001（平成13）年10月1日に美濃町線・田神線（美濃～新関間は一足早く1999年4月1日）軌道26・2キロメートル、岐阜市内線軌道3・7キロメートル、揖斐線、谷汲線の鉄道29・5キロメートルが一斉に廃止された。前2路線は早い時期にバス路線化されたが2001年の一斉廃止は、マイカー普及と利用者減による合理化であり、名鉄本体の経営改善策の結果でもあった。大手民鉄といえども、マイカー時代にローカル線を維持する困難さを示すものであった。

市内電車（路面電車）がなくなった今、昔と比べると町が寂しくなったように思われる。歴史に「もし」「たら」はないが、自分が50年前、ヨーロッパのある町の民宿の伯母さんから聞いた言葉を思い出す。それは宿の前の道に電車の来ない線路があった。そこで理由を聞いたら、伯母さんからの返事は「ほんとうに無くしていいかどうかは、1年経ってから決める。」というものだった。

●岐阜駅前 ぎふえきまえ ……0.0km
●新岐阜（駅前に統合） しんぎふ ‥（0.1km）
●新岐阜駅前 しんぎふえきまえ ……0.3km
●金宝町 きんぽうちょう ……0.7km
●徹明町 てつめいちょう ……0.9km
●金町 こがねまち……………1.2km
●千手堂 せんじゅどう ………1.6km
●本郷町 ほんごうちょう ……1.9km
●菅原町 すがわらちょう ………＊＊
●西野町 にしのまち …………2.4km
●忠節橋 ちゅうせつばし ……2.9km
●早田 そうでん………………3.2km
●忠節 ちゅうせつ……………3.7km

●徹明町 てつめいちょう ……0.0km
●岐阜柳ケ瀬 ぎふやながせ ‥‥0.3km
●市役所前 しやくしょまえ ‥‥0.6km
●朝日町（裁判所前に統合） あさひちょう ‥＊＊
●今小町（県庁市役所に統合） いまこまち ‥（0.9km）
●大学病院前 だいがくびょういんまえ ‥‥1.0km
●伊奈波通 いなばどおり ……1.5km
●矢島町（本町に統合） やじまちょう ‥（1.7km）
●本町 ほんまち………………1.9km
●材木町 ざいもくちょう ……2.3km
●公園前 こうえんまえ ………2.6km
●長良橋 ながらばし …………3.1km
●鵜飼屋 うかいや ……………3.5km
●長良北町 ながらきたまち ‥‥3.9km

名鉄岐阜市内線が走る忠節橋とモ770形連接車。◎西野町～早田　1989年9月　撮影：寺澤秀樹

岐阜市内線に突如現れた広告電車モ590形。名鉄岐阜市内線での広告電車の登場は遅かったが、モ590形が新岐阜百貨店のアド電車になった。モ590形は当時一番新しい車で、サマになった。◎新岐阜駅前～岐阜駅前　1965年8月　撮影：清水 武

名鉄岐阜市内線の長良北町～徹明町間廃止、写真のモ554号車は「長良線ありがとう」のマークを付けていた。1988年5月29日　撮影：田中義人

モ590形の広告電車とモ39号木造単車がアルミ塗装で広告電車に変身した。アルミサッシの会社が木造単車にアルミ製品の宣伝とは不思議議だったが、長続きはしなかった。◎新岐阜前～岐阜駅前　1965年8月　撮影：清水 武

岐阜市内線モ31は瀬戸電出身の車両。岐阜市内線では一時納涼電車に改造されたが、1987（昭和42）年の木造単車廃止まで活躍した。◎新岐阜駅前　1967年3月　撮影：清水武

古くて新しかった岐阜の軌道線

名古屋鉄道美濃町線

区間▼徹明町～関（廃止時）
駅数▼19駅（廃止時）
全通年月日▼1913（大正2）年12月25日
路線距離▼18・8キロ（廃止時）
軌間▼1067ミリ
開業年月日▼1911（明治44）年2月11日
廃止年月日▼2005（平成17）年4月1日

ブルーとクリームの塗り分け時代のモ514。グリーンの塗り分けになる以前の珍しい写真である。元は美濃電のエースセミボ510形。1961（昭和36）年は512～515が連結運転可能に改造されたが、最後は市内線と揖斐線直通運転用専用車となり、間接制御化されたモ520形（522～526）と5編成がペアを組み活躍した。◎美濃駅　1958年8月10日　撮影：荻原二郎

旧街道上のモ584。美濃町線が旧街道沿いに走る区間として昔を感じる場所であり、撮影名所でもあった。トラックが来ると避けるのが大変だった。◎名鉄美濃町線白金～上芥見　1975年8月27日　撮影：田中義人

岐阜市内に軌道をという思いから、1906（明治39）年10月に岐阜市内神田町～湊町（長良橋間と神田町間）と関、上有知（美濃市）に至る25キロメートルの軌道免許を申請し、1907（明治40）年に免許された。1911（明治44）年2月11日には岐阜駅前～今小町間の複線1・4キロメートルと、神田町（柳瀬）～上有知間24・9キロメートルの単線を同時に開業した。同年7月には上有知終点を市街地近くまで0・3キロメートルを延長した。

その後も市内線の延長や国鉄駅移動による路線延長、長良橋を渡り長良北町まで延長し、長良軽便線と接続、さらには郊外線として鉄道線である笠松線を1914（大正3）年12月までに新岐阜～笠松間5・5キロメートルを開通させた。さらにその後に合併した岐北軽便線の揖斐までの延長。竹鼻鉄道、谷汲鉄道、各務ヶ原鉄道の建設にも関係し、岐阜地区での軌道、鉄道を一手に収め、岐阜地域の鉄道会社の雄となった。しかし、1930（昭和5）年8月20日、鉄道33・3キロメートル、軌道31・6キロメートルと沿線の一部電気供給事業を以って名古屋鉄道（初代）と合併して名岐鉄道となる。

こののちも沿線交通の発展に努めたが、軌道事業は戦後、岐阜市内の起点を柳瀬から徹明町への移転、梅林までの複線化、1970（昭和45）年6月25日には田神線経由で新岐阜乗り入れを実現した。行き違い設備の増設や変電所も増設してダイヤの改善をはかり、札幌からの連接車導入や冷房新車の導入など、軌道復権に努めたが、マイカーブーム時代に苦戦し、マイカーと過疎化による輸送人員の減少で姿を消した。現在運行中の路線バスも、市内区間はともかく、美濃市内まで行く便の本数は大幅に減少し、岐阜市への足は確実に不便になった。このことは岐阜市中心部の衰退原因の一つでもあるのだろう。

旧道のわきにある土手下の上芥見停留場は安全地帯もなく、電車（600形）を待つには用水の土手下に入らねばならなった。道路の舗装も遅れ、美濃町線の原風景の見られる停留場としてファンには人気があった場所である。◎1975年8月　撮影：田中義人

冷房車880形発車式。1980（昭和55）年、美濃町線活性化を図るため5線製10両が新造された。冷房電源は600V専用で1500V区間では非冷房であった。ダイヤは30分ヘッドから15分ヘッドに強化された。2005（平成17）年に美濃町線は廃止。モ880形は全車が福井鉄道へ転籍した。◎1980年8月　所蔵：名鉄資料館

赤土坂停留場での880形と600形の行き違い。国道端から1歩下がった場所にあったこの停留場は雰囲気のある行き違い停留場だった。写真はモ880形とモ600形の離合である。◎1989年8月　撮影：寺澤秀樹

美濃町線の渋滞難所、北一色の町中を往く徹明町行モ870形と続行する新岐阜行モ880形。在来車の冷房化も進めたが、自動車時代には生き残れなかった。◎1981年11月3日　撮影：田中義人

美濃駅で発車を待つモ590形。旧時代の路面電車としては1950（昭和32）年製造で一番新しい形式だった。5両が製造され、性能も45kWのモーターを2個装備した。1971（昭和41）年には全車美濃町線所属とし、新ダイヤにギヤー日も変更し、スピードアップを可能とし、新ダイヤに備えた。廃線後は冷房化改造を行った車両が、四国の土佐電に移った。現在駅舎は保存され、510形、600形、870形の先頭モデルが保存展示されている。◎撮影：安田就視

●徹明町 てつめいちょう ……………0.0km
●金園町四丁目 かなぞのちょうよんちょうめ ……0.5km
●梅林 ばいりん……………………0.9km
●金園町九丁目 かなぞのちょうきゅうちょうめ ……1.4km
●競輪場前 けいりんじょうまえ ………1.9km
●岩戸前 いわとまえ …………… (2.2km)
●北一色 きたいしき ……………2.9km
●野一色 のいしき ………………4.1km
●琴塚 ことづか……………………4.8km
●日野橋 ひのばし ………………5.9km
●岩田坂 いわたざか ……………7.0km
●岩田 いわた………………………8.2km
●下芥見 しもあくたみ ……………9.4km
●上芥見 かみあくたみ ……………10.9km
●白金 しろかね……………………12.7km
●小屋名 おやな …………………14.4km
●赤土坂 あかつちさか ……………15.7km
●新田 しんでん……………………16.7km
●新関 しんせき……………………18.5km
●関 せき……………………………18.8km
●下有知 しもうち ………………20.7km
●神光寺 じんこうじ ………………21.8km
●松森 まつもり……………………23.2km
●美濃町駅前 みのまちえきまえ ……24.5km
●美濃 みの …………………………24.9km

●岐阜柳ケ瀬 ぎふやながせ …………0.0km
●美園町 みそのちょう ………… (0.2km)
●殿町 とのまち ………………… (0.4km)
●梅林 ばいりん……………………0.8km

全線5キロながら鉄道路線として活躍

名古屋鉄道高富線

区間▼長良北町～高富
駅数▼8駅
全通年月日▼1913(大正2)年12月25日
路線距離▼5.1キロ
軌間▼1067ミリ
廃止年月日▼1960(昭和35)年4月22日

高富駅には駅舎もあり、駅前にはタクシーの案内もある。廃止の経緯が乗客減少ではないので、最後まで乗降客の姿があった。◎1960年1月　所蔵：名鉄資料館

名鉄高富線モ7。高富線は一応鉄道だが軌道線車両で運用された。停車中の車両は方向幕に「岐阜駅前行」と表示されている。なお長良軽便の車両は4両あったが、美濃電番号はG51～G54であった。いずれも岡山電軌へ移籍したという。◎1958年8月10日　撮影：荻原二郎

- ●長良北町 ながらきたまち ……0.0km
- ●高見 たかみ ……1.3km
- ●下岩崎 しもいわさき ……1.8km
- ●戸羽川 とばがわ ……2.5km
- ●上岩崎 かみいわさき ……3.0km
- ●三田洞 みたほら ……3.6km
- ●粟野 あわの ……4.6km
- ●高富 たかとみ ……5.1km

軽便鉄道法の公布を受け、美濃電気鉄道の終点の長良川を越えた長良村福光から高富町への単線鉄道を計画。1913（大正2）年に着工し12月25日には長良（後の長良北町）～高富間5.1キロメートルを電車4両（単車）で開通させた。1920（大正9）年9月10日には美濃電気鉄道に合併した。

1915（大正4）年11月20日の長良橋の開通後は美濃電と線路がつながった。軽便鉄道ではあるものの全線専用軌道だったが、車両は軌道線用と変わらず単車で美濃電の岐阜市内線と直通して共用した。

戦後は岐阜市内線との直通運転が実施されたが、単線のままの長良橋と市内線区間の曲線がネックとなり、ボギー車の入線ができなかった。そのため沿線の人口増加に伴う輸送力増強が追い付かず、1960（昭和35）年にバス化の道を選択せざるを得ず、後年の廃止理由とは異なっていた。現在も郊外バス路線として数少ない健全路線である。

バス化については反対運動もあり、名鉄としても戦時の政策による廃線は経験したが、自社の都合で路線廃止を行うのは、1953（昭和28）年の起線廃止以来のことであり、関係者は苦労したことと思う。しかし、前述のように輸送力増強策のためのバス化であり、後のローカル線廃止のように縮小策ではなく、理解はされたと思う。一方、バスのほうは道路が現在のように整備されておらず、一部線路跡をバス専用道としたが、すぐには間に合わずに苦心が多かったという。

高富駅のモ74に乗客が乗降中である。もともと鉄道線である高富駅は駅舎もあり、駅員も常駐していた。◎1960年11月　所蔵：名鉄資料館

『高富町史』に登場する長良軽便鉄道

長良軽便鉄道の創設

このように、鉄道建設の動きはあったが、実現は大正初めまで待たねばならなかった。明治43年、軽便鉄道法が公布され、鉄道敷設は従来より容易となった。そのため、各地に軽便鉄道の出願が始まった。

南武芸村相宮音治郎をはじめ、岐阜市司町の篠田光二郎、高富町の大島藤吉、梅原の高屋政之助ら８名は、明治44年３月美濃電気軌道の市内線の終点予定地であった長良橋付近の稲葉郡長良村福光から高富町に至る間に、単線軌道の敷設を申請した。

明治45年３月には免許を受け、大正元年９月資本金12万円の長良軽便鉄道を創立し、社長に相宮音治郎が就任した。本社は初め長良村長良においたが、後に同村福光に移した。工事は大正２年５月に着手し、12月25日に長良―今の長良北町―と高富間5.1キロメートルを開業した。使用車両は、４輪電動客車４両で、社員は社長以下21名で小規模だった。

開業当時は不況のため、軽便鉄道法による補助金を受け、４分程度の配当を行なっていたが、第１次世界大戦の好況で、営業成績が向上した。大正７年には24万円に増資した。

美濃電気軌道KKへ合併

大正９年９月10日に、長良軽便鉄道KKは、美濃電気軌道KKへ合併した。合併条件は50円払込済株式2400株及び25円払込済株式2400株に対し、美濃電気軌道株式50円払込済株式3300株の交付を受けるという内容であった。

美濃電気軌道KKは明治44年２月11日に、岐阜駅～今小町間複線1.4キロメートルと神田町～上有知間単線24.9キロメートルを開業した。同年10月には岐阜市内線を本町まで、大正元年８月には長良橋まで、大正４年11月には長良北町まで延長し、長良軽便鉄道線と連絡していた。美濃電気鉄道KKの資本金は、大正10年には、会社合併その他で300万円となり、大正14年４月には更に増資して600万円となった。株式配当は大正９年から昭和２年上期まで１割から１割２分の配当を実施した。その後不況のため、９分から７分の配当となった。

長良軽便鉄道KKを合併した美濃電気軌道KKは、その後、名古屋鉄道KKと合併した。この合併は、名古屋鉄道KKが木曽川を越えて岐阜市に乗り入れたいとの美濃電気軌道KKへの申し入れに始まり、昭和５年８月20日実現した。

名鉄揖斐線の黒野駅。本揖斐行のモ180形2連と忠節行単行。車輌は3両とも戦時中に路線廃止となった、四国の琴平急行電鉄からやってきた。名鉄では珍しい1929(昭和4)年日立製の電車。1944(昭和19)年名鉄に来て、竹鼻線や尾西線で使用したが車体が小さく1953(昭和28)年6両とも揖斐線へきた。その後、制御車化されたりした車両や制御器を580形に転用されたりしたが1970(昭和45)年も600形に台車を提供し、残った5両が廃車となった。◎1960年5月1日　撮影：荻原二郎

岐阜の郊外電車は市内線と直通運転

名古屋鉄道 揖斐線

区間▼忠節～本揖斐(廃止時は黒野)
駅数▼13駅
全通年月日▼1914(大正3)年3月29日
路線距離▼18.3キロ(廃止時は12.7キロ)
軌間▼1067ミリ
最高速度▼70キロ
廃止年月日▼2005(平成17)年4月1日

揖斐線忠節駅。1972(昭和47)年オープンした揖斐線忠節駅ビル。駅自体は1954年揖斐線の線路移設を経て、市内線と接続を果たしたが、駅の再開発がこの年実現した。市内線の市内方面への乗り場へは跨線橋でつながった。車両はク2181号で本線からの転属車で当時は揖斐線一の大型車だった。現在路線は廃止、車両もビルもない。◎1972年6月　提供：名鉄資料館

●忠節《ちゅうせつ》	0.0km
●近ノ島《ごんのしま》	0.7km
●萱場《かやば》	1.6km
●旦ノ島《だんのしま》	2.1km
●尻毛橋《しっけばし》	3.0km
●尻毛《しっけ》	3.2km
●川部橋《かわべばし》	3.9km
●又丸《またまる》	4.3km
●森町《もりまち》	＊＊
●北方東口《きたがたひがしぐち》	5.1km
●北方千歳町《きたがたちとせまち》	5.7km
●美濃北方《みのきたがた》	6.2km
●八ツ又(八又)《やつまた》	6.8km
●真桑《まくわ》	8.3km
●政田《まさだ》	9.5km
●下方《しもかた》	10.8km
●相羽《あいば》	11.6km
●黒野《くろの》	12.7km
●麻生《あそう》	13.9km
●中之元《なかのもと》	14.7km
●清水《きよみず》	16.1km
●八丈岩《はちじょういわ》	17.1km
●本揖斐《ほんいび》	18.3km

岐北軽便鉄道が、岐阜市外の長良川北岸の嶋村早田（後に岐阜市早田）から本巣郡北方に至る軽便鉄道を出願、1914（大正3）年3月29日忠節～美濃北方間6・6キロメートルの単線を開業した。翌年、美濃北方～黒野間の延長免許も取得したが同社の手では実現せず、1921（大正10）年10月10日に美濃電気軌道に合併した。その後、黒野までが1926（大正15）年4月6日に開業。本揖斐までは1928（昭和3）年12月20日の開業である。

忠節以遠は鉄道であり、長良川の改修工事で忠節付近ではルート変更、忠節橋の架設により1953（昭和28）年7月1日に市内線の延長で忠節駅開設、廃止前の線路が完成した。翌年12月21日の揖斐線忠節駅の移設統合により市内線との接続が実現した。

その後、接続ダイヤの改善、1967（昭和42）年12月17日からは市内線との直通運転を開始して順次拡大した。さらに1987（昭和62）年からは新車（770形）投入による改善を続けるなど、鉄道・軌道の直通強化による改善、延命策を図ったが、マイカー時代には生き残れなかった。近鉄揖斐線とともに揖斐の町と大垣、岐阜市を結んでいた名鉄線がなくなった現在、近鉄揖斐線も第三セクター化され、存続が話題になっている。

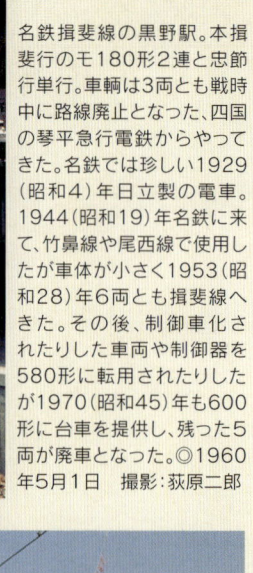

尻毛とは珍·駅名に挙げられるが、伊自良川の橋を渡る列車はク2325で、元愛電のエース、モ3200形で後ろの電動車はモ750形で名岐の名車である。かつての瀬戸線や揖斐線では合併会社の異形式車両がコンビを組む姿が見られた。◎名鉄揖斐線旦ノ島～尻毛　1989年8月　撮影：寺田秀樹

新岐阜直通列車の発車式。本揖斐駅から岐阜市内線新岐阜駅前へ直通する急行運転の発車式。最初は大正生まれのモ510形を使用して始まった。◎1967年12月17日　所蔵：名鉄資料館

政田駅で行き違うモ770形同志。770形と780形の登場で揖斐線直通運転列車のスピードアップが可能になり、15分ヘッドが出来た。◎2004年8月28日　撮影：寺澤秀樹

待望の岐阜市内線～揖斐線直通用の新車が入ったのは1987（昭和62）年のことである。関係者待望のモ770系連接車8両は、名鉄600V線区初の冷房車であった。路線廃止後は福井鉄道で活躍している。◎1987年　提供：名鉄資料館

ラッシュに活躍するモ510形3両運転。510形も朝のラッシュには3連で運用された。根尾川橋梁を3連で渡る姿は格好の話題となり、多くのファンの被写体となった。◎政田～下方　2000年10月1日　撮影：寺澤秀樹

鏡島弘法の初詣電車が懐かしい

名古屋鉄道 鏡島線

区間▼千手堂～西鏡島
駅数▼11駅
全通年月日▼1924（大正13）年4月21日
路線距離▼4・4キロ
軌間▼1067ミリ
廃止年月日▼1964（昭和39）年10月4日

西鏡島に停まるモ543。鏡島線は戦時の1944（昭和19）年に森屋～鏡島間を休止したが、1953年には弘法口まで再開。1957年に合渡橋まで1.3㎞を延長して1957年に西鏡島と改称。車両は1949年に三重交通神都線から譲り受けた。◎所蔵：名鉄資料館

写真は岐阜工場からの出庫線。モ503号は美濃電が1921（大正10）年、最初に新造したボギー車（木造）で、笠松線（現・本線）や美濃町線で使用されたが、晩年は鏡島線での運用が多くなった。◎1964年5月　撮影：清水武

●千手堂 せんじゅどう ……… 0.0㎞
●鍵屋 かぎや ……………… 0.7㎞
●本荘 ほんじょう …………… 1.1㎞
●市民病院前 しみんびょういんまえ ‥ 1.6㎞
●森屋 もりや ………………… 2.0㎞
●東鏡島 ひがしかがしま …… 2.8㎞
●弘法口 こうぼうぐち ……… 3.1㎞
●鏡島 かがしま …………… 3.4㎞
●川原畑 かわらばた ……… 3.5㎞
●港 みなと ………………… ＊＊
●西鏡島 にしかがしま ……… 4.4㎞

鏡島《かがしま》線は美濃電気軌道の建設であるが、1924（大正13）年4月21日に鉄道として開業した。鏡島弘法への参詣路線として賑わったという。建設当初は専用軌道であり、岐阜市内の拠点である千手堂には独立した駅舎もあった。戦後、千手堂から森屋までは道路改良にあわせ併用軌道化された。また、1944（昭和19）年12月11日には鏡島～合渡橋間は戦時休止路線となったが、1954（昭和29）年9月10日に復活した。

それ以前の1950（昭和25）年7月には千手堂～森屋間が併用軌道化されたものの、複線化されることはなかった。一時は徹明町を挟んで美濃町線と直通運転も実施したが、市内区間を通過することで、ダイヤ維持が困難となり中止された。運行系統は徹明町～西鏡島を継続したが、モ500形等ボギー車が活躍したために単車が入ることはなかった。結局マイカーには勝てず10年後の10月4日に廃止となった。こちらはバス路線として健在である。

沿線の鏡島弘法は名刹として有名で、初詣時期には狭い境内がバスなどで一杯になる。電車が残っていればこんな現象は防げたかもしれない。今でも、長良川を隔てた、東海道本線の穂積駅のホームの名所案内看板には、鏡島弘法の案内が出ている。昔は渡し舟ですぐだったのだ。併用軌道化された岐阜市内に近接する沿線地域は岐阜市民病院も立地するなど発展の勢いは大きかったが、単線軌道のままで対応できたかは解らない。

名古屋鉄道八百津線

栗拾い、まつたけ狩り、ハイキングの路線

区間▼明智～八百津（廃止時）
駅数▼5駅
全通年月日▼1930（昭和5）年10月1日
路線距離▼7・3キロ
軌間▼1067ミリ
廃止年月日▼2001（平成13）年10月1日

東濃鉄道の受け皿として設立した東美鉄道は1930（昭和5）年4月30日に伏見口（現・明智）～兼山、10月1日には八百津と7.3kmを開通。その際に開設された八百津駅は昭和初期のモルタル建築の瀟洒な駅舎であった。廃止時までハイキング客等に親しまれた駅である。◎昭和初期　所蔵：名鉄資料館

1995（平成7）年2月にキハ10形の後継車として製造された。キハ10形の売り物であった1軸ボギー方式はいまひとつの性能であり、16mボギー3扉の気動車となった。キハ10形は廃車となった。2001（平成13）年10月1日に八百津線は廃止となり、キハ30形は三河線に移った。そこも2004（平成16）年には廃線となり、車両はミャンマー国鉄に売却された。◎八百津駅　1999年4月　撮影：寺澤秀樹

八百津駅のレールバスキハ10形。名鉄で最初にレールバスが採用されたのは八百津線であった。学生輸送には苦労もあった。◎1984年11月17日　撮影：田中義人

八百津線を単行で活躍するレールバスキハ10形。非電化区間となっても立派な架線柱が残っていた。◎明智～兼山口　1989年8月　撮影：寺澤秀樹

八百津線の歴史はJR太多線と名鉄広見線の歴史と重なる。そもそも現在の名鉄広見線の広見（今の新広見附近）～新多治見間は東濃鉄道株式会社（現在の東濃鉄道とは無関係）が建設して開業したものである。1918（大正7）年12月に新多治見まで11・8キロメートルを開業し、2年後の1920年8月には広見～御嵩（後の御嵩口）間6・8キロメートルを加えて全線を開業した。

その頃、鉄道省の建設予定線だった太多線の建設が具体化し、新多治見～広見間が買収されることになり。1926（大正15）年9月に買収が実施される。そこで社長の平井新四郎は買収から外れる広見～御嵩間の存続をどうするか悩んだ。当時、名古屋鉄道は犬山から今渡を経由し太田への路線免許を取得し、さらに加茂郡八百津町に至る路線を申請していた。さらに木曽川に水利権を持つ大同電力（現・関西電力）も発電所建設のため、古井町から八百津に至る路線を申請していた。そこで平井は名古屋鉄道に残存区間の買収を要請するとともに、東濃鉄道、名古屋鉄道、大同電力の3社が40万円ずつ出資して1926年9月10日に東美鉄道を設立し、9月23日には残存区間の鉄道事業を新会社に譲渡し、同日、広見～新多治見を鉄道省が買収した。

このとき新会社は、八百津線の建設をする協約を3社で締結した。その後、鉄道省は多治見～広見間の拡幅と美濃太田までの建設を進め、1928（昭和3）年10月1日に太多線が開業した。一方、東美鉄道は広見～御嵩間6・6キロメートルの拡幅電化と広見駅付近の線路を移設し、名鉄線と接続し、太多線と同じ10月1日に電車運転を始めた。同時に八百津線の工事も進め、1930年4月に兼山、10月に八百津まで延長開業した。

谷汲線終着駅の谷汲駅。無人となった終着駅に連接車モ401が進入する。現在、この駅舎は改築されて昆虫館となっている。◎撮影：安田就視

名鉄全線の中で最北を走る路線

名古屋鉄道谷汲線

区間▼黒野～谷汲
駅数▼9駅
全通年月日▼1926（大正15）年4月6日
路線距離▼7・6キロ
軌間▼1067ミリ
廃止年月日▼2001（平成13）年10月1日

●	黒野	くろの	0.0km
●	黒野西口	くろのにしぐち	0.5km
●	黒野北口	くろのきたぐち	0.9km
●	豊木	とよき	2.0km
●	稲富	いなとみ	2.8km
●	更地	さらぢ	3.9km
●	八王子坂	はちおうじざか	4.9km
●	北野畑	きたのばた	5.8km
●	赤石	あかいし	6.9km
●	長瀬	ながせ	8.4km
●	長瀬茶所	ながせちゃじょ	9.1km
●	結城	ゆうき	10.2km
●	谷汲	たにぐみ	11.2km

谷汲《たにぐみ》鉄道は美濃電気軌道の計画線黒野から西国33番札所である谷汲山華厳寺への参詣路線として計画された。美濃電の黒野延長工事と同時に建設が進み、どちらも1926（大正15）年4月6日に開業した。途中には33・3パーミルの急こう配区間もあり、電磁ブレーキを装備した特殊な車両（デロ7形）を準備した。

谷汲線は最初から美濃電の忠節への直通を前提として建設され、1936（昭和11）年7月には美濃電が名鉄と合併、名岐鉄道となり、同社に経営委託、その後1944（昭和19）年3月には経営委託を継続していた名鉄に合併した。その後は揖斐線と一体化して運営されて近代化と合理化も図られたが、岐阜線の末期に新造された770形と780形は谷汲線の電圧降下が災いして入線できなかった。

谷汲線で特筆すべき特徴は、名刹谷汲山のご開帳時に実施する大輸送である。開通後の1927（昭和2）年4月から5月にかけての輸送には稲富駅に行き違い設備を設け20分間隔ダイヤを実施した。このため車両増備も行ったが、車両需給に余裕があったため、戦中の豊川線新設時には一部車両が応援にかけつけている。1950（昭和25）年4月から5月にかけての輸送では、北野畑に仮変電所を設置して対応した。このことは、常時の設備の脆弱さを物語るものでもあった。この変電所が常設化されていれば、後年の新造車両も電圧低下の心配せずに、入線したのだろう。しかし、施設の貧弱さは、谷汲線の宿命でもあった。

名鉄の最北端の駅として、他線区ではあまり経験しない雪の降ることが多く、沿線の竹に積もった雪が線路に倒れこむという障害も多く発生した。黒野駅にはスノウプラウが準備してあり、多くの降雪が予想されるときには終夜運転を行うなどして、線路を確保することもあった。

名鉄谷汲駅舎。改築前の開通当時からの駅舎である。2月18日の撮影であり、谷汲山華厳寺の月命日で駅員の姿が見える。現在は改築されて昆虫館となっている。◎1981年2月18日　撮影：安田就視

谷汲線は時として雪が多い年がある。このため黒野駅にはスノウプラウが準備されていた。事前に積雪が予想されるときは終夜運転をおこなった。◎長瀬～谷汲　1998年1月　撮影：寺澤秀樹

桜の咲く谷汲駅で待機中のモ511－モ520形。◎1977年4月12日　撮影：田中義人

北野畑から赤石、更地までは根尾川沿いに走る。対岸には国鉄樽見線の姿を見ることもできた。列車は旧名岐鉄道のモ750形と旧愛電のク2320形（元モ3200形）のコンビ。◎北野畑～赤石　1980年1月7日　撮影：安田就視

それにしても、車両については、当時の国鉄の2等車（現・グリーン車）にも負けない接客設備を備えることを目指し、谷汲鉄道は1926（大正15）年「デロ1」型、1927年に「デロ7」型と続けて新造し、車両形式に国鉄の2等車の記号「ロ」を付けた。またデロ7型は、早くに半鋼製車体を採用し、勾配線区を意識したブレーキ装備と言い、社長井深重剛氏の心意気を感ずる。

美濃電由来の最後の路線

名古屋鉄道 田神線

区間▼競輪場前～田神
駅数▼3駅
全通年月日▼1970(昭和45)年6月25日
路線距離▼1・4キロ
軌間▼1067ミリ
廃止年月日▼2005(平成17)年4月1日

競輪場前での通標交換。モ600形同志の行き違いである。◎1998年7月　撮影：寺澤秀樹

●田神 たがみ・・・・・・・・0.0km
●市ノ坪 いちのつぼ・・・・0.5km
●競輪場
けいりんじょうまえ・・・・1.0km

田神《たがみ》線は名古屋鉄道が建設した路線である。美濃町線の岐阜市内の起点は徹明町であり、乗り継ぎ客の多い本線系との接続は不便であった。もともと美濃町線の起点は神田町（柳ケ瀬）だったが、戦後1950（昭和25）年4月1日、新岐阜に近い徹明町に変更して徹明町～梅林間を複線化するなどした。

しかし、名古屋本線との連絡には不便で競輪場前から田神まで新線を建設し、新岐阜への乗り入れが計画された。都市計画による岐阜工場（車庫）の新工場への移転と営業線への入出庫線が1966（昭和41）年10月10日に完成し、競輪場前～田神間1・4キロメートルが田神線として1970（昭和45）年6月25日に完成。600V⇕1500Vの複電圧車両モ600形6両を新造して新岐阜～美濃間の直通運転を開始した。

この新車投入と田神線の開通は美濃町線の起死回生策として期待されたが、効果は十分でなかった。最初に実施した急行ダイヤと北一色を廃止し、野一色へ行違い設備を移動したため、市ノ坪から野一色まで間隔が長く、15分ヘッドのダイヤには無理があり、後に競輪場前の停留所に行違い設備を新設し解決した。しかし競輪場前での通標扱いは複雑となり、係員の交通事故が心配されたが幸い大事はなかった。また通標扱いで動きまわる姿が格好の被写体とされた。

さらにその後も1980（昭和55）年にモ880形新車の投入等が続き、最後は800形の部分低床車まで投入し、870形の冷房化も行われたが焼石に水だった。思えば美濃電時代にも、その後も美濃町線全線の鉄道化が検討され、提案されたが、費用の関係で実現せず、田神線による新岐阜直通では十分な効果が出なかった。今まで述べた種々の改善策も効薄く、なかなか決定打とはならず、岐阜市内線の多くと運命をともにした。

岐阜県内の国鉄時刻表（昭和15年）

（下リ其二）（東海道本線及山陽本線）（上リハ29頁）特ニ示シタルモノハ他ノ二・三等車

驛名	1011 大阪行(不定期)	11 神戸行	105 下關行	843 京都行	445 姫路行	111 下關行	27 大阪行	603 大阪行	723 富山行	447 姫路行	502 大阪行	29 姫路行	743 大垣行
東京	8 50	9 0[illegible]	…	…	…	…	5 30	…	…	…	…	6 40	…
靜岡	11 38	11 4[illegible]	…	…	…	…	9 43	…	…	…	…	10 53	…
名古屋	2 07	2 17	…	…	…	…	2 02	…	…	…	…	3 25	…
名古屋	2 12	2 2[illegible]	…	…	…	…	2 25	…	3 10	…	…	3 33	4 05
枇杷島	レ	レ	…	…	…	…	2 32	…	3 17	…	…	3 40	4 11
清洲	特別急行(不定期燕)	特別急行(つばめ)	…	…	…	…	2 38	…	3 23	…	…	3 48	4 16
稲沢			…	…	…	…	2 43	…	3 29	…	…	3 52	4 21
尾張一宮			…	…	…	…	2 52	…	3 38	…	…	4 00	4 28
木曽川			…	…	…	…	2 59	…	3 45	…	…	4 07	4 35
岐阜			…	…	…	…	3 09	…	3 56	…	…	4 18	4 44
穂積			…	…	…	…	3 16	…	4 04	…	…	4 25	4 51
大垣	2 48	2 5[illegible]	…	…	…	…	3 25	…	4 15	…	…	4 35	4 59
垂井	レ	レ	…	…	…	…	3 37	…	レ	…	…	4 47	
關ケ原	✂	✂	…	…	…	…	3 47	…	レ	…	…	4 58	…
柏原	レ	レ	…	…	…	…	3 59	上野發 9 45	レ	…	青森發 10 35	5 13	…
近江長岡	レ	レ	…	…	…	…	4 05		レ	…		5 20	…
醒ケ井	レ	レ	…	…	…	…	4 11		レ	富山著 11 59		5 27	…
米原 著	レ	レ	…	…	…	…	4 18	4 24	5 07		5 35	5 34	…
米原 發	レ	レ	…	…	…	…	4 23	4 30	5 14		5 40	5 43	…
彦根		レ	…	…	…	…	4 32	4 39			レ	5 51	…

驛名	745 大垣行	1035 下關行	1009 下關行(不定期)	9 下關行	113 下關行	31 京都行	711 姫路行	33 大阪行	1101 廣島行(不定期)	1031 神戸行	1027 下關行
東京	…	10 00	10 20	10 30	…	7 25	濱松 3 13	9 12	…	1 00	…
靜岡	…	1 10	1 38	1 48	…	0 15		1 51	…	3 53	…
名古屋	…	4 25	4 50	5 01	…	4 42	5 38	6 09	…	6 28	…
名古屋	4 36	4 31	4 56	5 06	…	5 10	5 45	6 19	…	6 34	…
枇杷島	4 42	レ	レ	レ	…	5 17	5 52	6 25	…	レ	…
清洲	4 47				…	5 23	5 58	6 31	…	特別急行(かもめ)	…
稲沢	4 53	レ	レ	レ	…	5 29	6 04	6 37	…		…
尾張一宮	5 00	レ	5 15	5 25	…	5 38	6 12	6 50	…		…
木曽川	5 07	レ	レ	レ	…	5 45	6 19	6 57	…		…
岐阜	5 16	5 08	5 30	5 40	…	5 55	6 30	7 07	…		…
穂積	5 23	レ	レ	レ	…	6 02	6 37	7 14	…		…
大垣	5 31	5 26	5 47	5 57	…	6 12	6 47	7 23	…	7 11	…
垂井					…	6 23	レ	7 34	…	レ	…
關ケ原	…				…	6 35	レ	7 43	…	レ	…
柏原	…	レ	レ	レ	…	6 47	レ	7 55	…	✂	…
近江長岡	…				…	6 53	レ	8 01	…	レ	…
醒ケ井	…				…	6 59	レ	8 07	…	レ	…
米原 著	…	6 10	6 30	6 40	…	7 06	7 30	8 14	…	レ	…
米原 發	…	6 15	6 35	6 45	…	7 11	7 35	8 24	…	レ	…
彦根	…	6 25		レ	…	7 19	7 43	8 32	…		…

東海道本線下り時刻表では、不定期特急「つばめ」定期の「つばめ」「かもめ」もすべて補機連結のため大垣に停車している。

十六年二月十五日訂補　美濃太田・北濃間

1	3	5	7	9	11	13	粁程	運賃（圓錢）	驛名
6 13	7 37	10 40	0 52	3 24	6 17	8 40	0.0		發 美濃太田 著
6 24	7 49	10 50	1 04	3 36	6 30	8 50	5.9	10	〃 加茂野 發
6 33	8 01	10 59	1 15	3 48	6 43	8 59	12.0	20	〃 美濃關 〃
6 46	8 13	11 08	1 28	4 03	6 57	9 09	17.7	30	〃 美濃町 〃
6 53	8 23	11 17	1 38	4 15	7 07	9 17	22.3	35	〃 板取口 〃
7 01	8 33	11 25	1 48	4 26	7 17	9 25	26.1	45	〃 美濃洲原 〃
7 11	8 44	11 34	1 59	4 38	7 30	9 35	31.8	50	〃 美濃下川 〃
7 18	8 53	11 41	2 08	4 50	7 38	9 42	34.8	55	〃 刈安 〃
7 26	9 02	11 49	2 17	5 00	7 47	9 50	38.5	60	〃 深戸 〃
7 35	9 13	11 59	2 28	5 14	7 59	9 59	43.0	68	〃 美濃相生 〃
7 48	9 26	0 11	2 41	5 32	8 13	10 10	46.9	73	〃 郡上八幡 〃
8 00	9 38	0 23	2 53	5 48	8 26	10 24	53.9	88	〃 美濃山田 〃
8 08	9 51	0 30	3 03	5 58	8 35	10 32	57.3	93	〃 美濃彌富 〃
8 19	10 02	0 41	3 16	6 12	8 47	10 44	62.4	98	〃 大中 〃
8 39	10 22	1 00	3 34	6 32	9 00	10 54	66.1	1.08	〃 美濃白鳥 〃
8 53	10 36	1 14	3 48	6 46	9 14		72.2	1.13	著 北濃 發

越美南線は美濃太田から北濃までの72キロを、2時間半から3時間かけて走っていた。

十六年二月十五日訂補　岐阜・富山間（高山本線）二・三等車　岐阜ヨリ　富山ヨリ

（太多線一六五頁、越美南線一四九頁）

粁程	驛名	341	301	303	305	307	331	309	311	313	315	317	319	321	323
0.0	岐阜 發	…	…	…	5 03	6 50	8 45	9 23	9 56	11 43	2 37	3 45	5 22	7 44	9 25
4.2	長森 〃	…	…	…	5 10	6 57	8 53	レ	10 02	11 49	2 43	3 53	5 29	7 52	9 32
7.2	那加 〃	…	…	…	5 17	7 03	9 02	レ	10 08	11 55	2 49	4 00	5 37	7 58	9 38
13.2	各務ケ原 〃	…	…	…	5 26	7 12	9 12	レ	10 17	0 04	2 58	4 10	5 46	8 08	9 47
17.3	鵜沼 〃	…	…	…	5 33	7 18	9 20	9 49	10 23	0 11	3 04	4 18	5 53	8 15	9 55
22.5	坂祝 〃	…	…	…	5 41	7 26	9 29	レ	10 32	0 18	3 12	4 27	6 01	8 23	10 03
27.9	美濃太田 著	…	…		5 48	7 33	9 38	10 01	10 38	0 26	3 18	4 36	6 08	8 30	10 10
	美濃太田 發	…	…	…	5 52	7 38	…	10 06	10 44	0 36	3 34	4 50	6 16	8 33	10 13
30.3	古井 〃	…	…	…	5 59	7 44	…	10 12	10 50	0 42	3 42	4 57	6 22	8 44	10 19
34.1	中川邊 〃	…	…	…	6 05	7 50	…	レ	10 56	0 49	3 50	5 03	6 28	8 50	10 25
37.9	下麻生 〃	…	…	…	6 12	7 56	…	レ	11 03	0 55	3 59	5 09	6 34	8 56	10 32
43.2	上麻生 〃	…	…	…	6 21	8 06	…	レ	11 11	1 04	4 08	5 17	6 43	9 04	10 42
53.1	白川口 〃	…	…	…	6 35	8 21	…	レ	11 28	1 20	4 29	5 30	6 56	9 18	10 56
61.7	下油井 〃	…	…	…	6 48	8 34	…	レ	11 41	1 32	4 40	5 43	7 07	9 29	11 09
66.7	飛騨金山 〃	…	…	5 11	6 58	8 46	…	10 59	11 55	1 39	4 50	5 50	7 16	9 41	11 16
75.7	焼石 〃	…	…	5 24	7 12	9 00	…	レ	0 11	1 52	5 02		7 29	9 53	
88.3	下呂 〃	…	…	5 43	7 30	9 19	…	10 29	0 34	2 09	5 20	…	7 52	10 11	…
93.5	禪昌寺 〃	…	…	5 51	7 39	9 28	…	レ	0 42	2 17	5 28	…	8 00	10 19	…
96.7	飛騨萩原 〃	…	…	5 58	7 45	9 35	…	11 42	0 48	2 23	5 34	…	8 06	10 25	…
100.8	上呂 〃	…	…	6 07	7 54	9 44	…	レ	0 57	2 32	5 43	…	8 17	10 34	…
108.8	飛騨小坂 〃	…	…	6 22	8 09	10 00	…	レ	1 11	2 47	5 58	…	8 39	10 50	…
115.9	渚 〃	…	…	6 38	8 26	10 17	…	レ	1 27	3 07	6 14	…	8 56	11 06	…
123.2	久々野 〃	…	…	6 50	8 39	10 30	…	レ	1 39	3 20	6 27	…	9 10	11 18	…
129.5	飛騨一ノ宮 〃	…	…	7 03	8 53	10 44	…	レ	1 52	3 33	6 39	…	9 23	11 31	…
136.4	高山 著	…	…	7 14	9 04	10 55	…	0 45	2 03	3 44	6 50	…	9 35	11 42	…
	高山 發	…	5 31	7 24	9 11	11 01	…	0 50	2 08	4 06	6 56	…	9 42	…	…
141.0	上枝 〃	…	5 39	7 33	9 19	11 10	…	レ	2 19	4 16	7 04	…	9 50	…	…
147.6	飛騨國府 〃	…	5 50	7 44	9 30	11 22	…	レ	2 29	4 28	7 15	…	10 01	…	…
151.3	飛騨古川 〃	…	5 57	7 53	9 38	11 30	…	1 09	2 37	4 38	7 22	…	10 08	…	…
156.0	飛騨細江 〃	…	6 06	8 03	9 47	11 40	…	レ	2 45	4 48	7 31	…	10 17	…	…
161.7	角川 〃	…	6 16	8 16	9 57	11 51	…	レ	2 55	4 59	7 41	…	10 27	…	…
166.6	坂上 〃	…	6 26	8 24	10 05	0 01	…	レ	3 04	5 12	7 49	…	10 35	…	…
176.5	打保 〃	…	6 47	8 40	10 21	0 18	…	レ	3 19	5 28	8 05	…	10 51	…	…
180.5	杉原 〃	…	7 02	8 48	10 29	0 27	…	レ	3 27	5 36	8 13	…	10 59	…	…
189.2	猪谷 〃	5 49	7 15	9 02	10 42	0 46	…	1 57	3 40	5 50	8 27	…	11 11	…	…
196.2	楡原 〃	5 59	7 25	9 13	10 52	0 57	…	レ	3 50	6 01	8 38	…	11 22	…	…
200.5	笹津 〃	6 06	7 32	9 19	10 58	1 04	…	2 12	3 56	6 08	8 44	…	11 27	…	…
208.7	越中八尾 〃	6 18	7 43	9 29	11 09	1 16	…	2 24	4 07	6 19	8 54	…		…	…
213.6	千里 〃	6 27	7 49	9 35	11 15	1 23	…	レ	4 13	6 27	9 01	…	…	…	…
217.9	速星 〃	6 33	7 56	9 42	11 22	1 30	…	レ	4 20	6 35	9 07	…	…	…	…
222.2	西富山 〃	6 40	8 03	9 49	11 28	1 37	…	レ	4 26	6 43	9 14	…	…	…	…
225.8	富山 著	6 47	8 09	9 55	11 34	1 44	…	2 47	4 32	6 50	9 20	…	…	…	…

高山本線の309列車は快速運転であることが分かる。岐阜～富山間を5時間20分で走った。

十五年十一月一日訂補　大垣・美濃赤坂間（東海道本線）（汽動車及蒸氣列車）　美濃赤坂・赤…　西濃鐵道線（氣動車…

601	603	605	607	609	657 (蒸)	611	613	粁程	運賃（錢）	驛名
7 12	8 42	11 45	1 50	3 18	4 25	5 39	8 10	0.0		發 大垣 著
7 20	8 50	11 53	1 58	3 26	4 35	5 47	8 18	3.4	10	〃 荒尾 發
レ	レ	レ	レ	レ	4 40	レ	8 22	5.0	10	〃 美濃赤坂 〃
7 27	8 57	12 00	2 05	3 33		5 54		5.5	12	著 △赤坂本町 發

（赤坂本町行）

美濃赤坂線は昼間の列車が西濃鉄道に乗り入れていた。

十五年十一月一日訂補　多治見・美濃太田間（太多線）氣動車 三等車ノミ
（高山本線下リ50頁上リ51頁、越美南線ハ49頁）

粁程	運賃（錢）	驛名	251	203	205	207	209	211	213	215	217	219	221	223
0.0		多治見 發	…	6 53	8 06	9 57	11 44	1 28	2 50	3 55	5 48	6 48	8 11	9 42
3.2	7	小泉 〃	…	6 58	8 11	10 02	11 49	1 33	2 55	4 00	5 53	6 53	8 16	9 47
7.9	13	姫 〃	…	7 05	8 18	10 09	11 56	1 40	3 02	4 07	6 00	7 00	8 23	9 54
12.8	21	廣見 〃	6 01	7 11	8 24	10 15	0 02	1 46	3 08	4 13	6 06	7 06	8 29	10 00
17.8	29	美濃太田 著	6 12	7 17	8 30	10 21	0 08	1 52	3 14	4 19	6 12	7 12	8 35	10 06

（下リ列車）

太多線の列車は1～2時間に1本程度。現在の頻度（30分ヘッド）とは比較にならない。

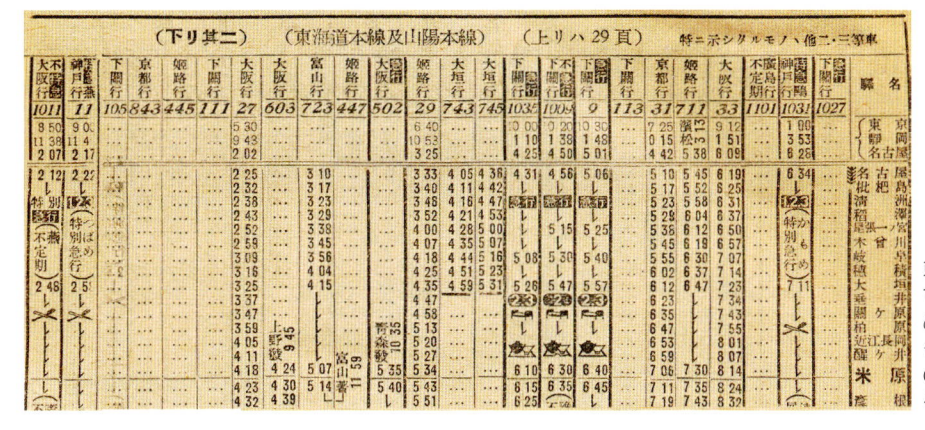

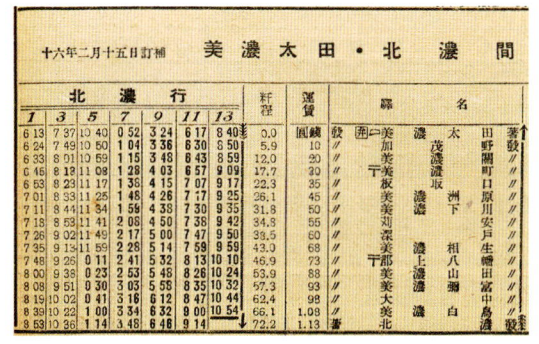

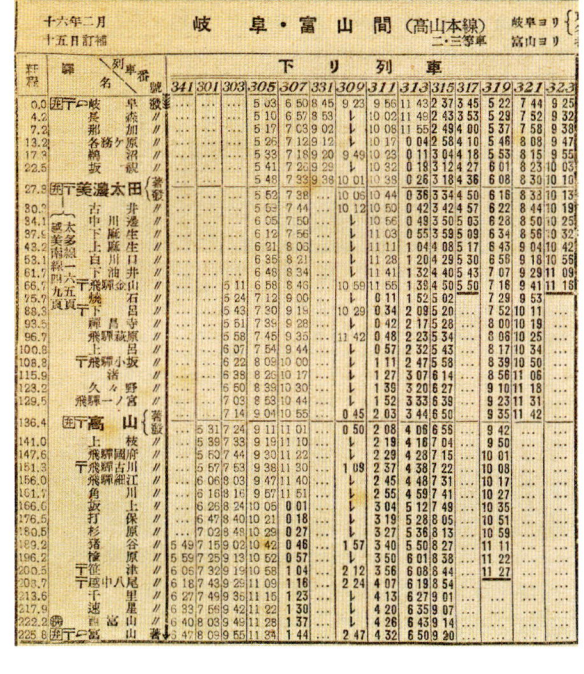

水害による橋脚流出で消えた路線

東濃鉄道 駄知線

区間▼土岐市～東駄知
駅数▼7駅
全通年月日▼1922（大正11）年1月11日
路線距離▼10・4キロ
軌間▼1067ミリ
休止年月日▼1972（昭和47）年7月13日
廃止年月日▼1974（昭和49）年10月21日

駄知駅は駄知線の拠点であり車庫があった。東駄知へ行くには一旦手前に戻り、スイッチバックする必要があった。駅の構内には「開通記念碑」が建っている。◎1965年2月17日　撮影：荻原二郎

土岐市駅で行き違う、駄知線の列車。中間でもっとも乗降人員の多い土岐市駅で上下列車が行き違う。左は元南武鉄道のモハ。◎1965年2月17日　撮影：荻原二郎

●土岐市	ときし	0.0km
●新土岐津	しんときつ	0.7km
●神明口	しんめいぐち	1.1km
●土岐口	ときぐち	2.0km
●下石	おろし	4.7km
●山神	やまがみ	7.5km
●駄知	だち	9.1km
●小川町	おがわちょう	9.8km
●東駄知	ひがしだち	10.4km

1919（大正8）年4月10日に設立された駄《だ》知《ち》鉄道の手により建設されたが、申請後、審査に当たった鉄道省の担当官五島慶太（後に東京急行電鉄社長）から工事費の不足を指摘され40万円に増額した。難工事の末、1923（大正12）年1月22日に土岐津（現・土岐市）～駄知間を開業した。中央本線のルートから外れた駄知地区の窯業関係者により設立され、その製品、材料輸送に活躍した貨物優先の鉄道であった。

はじめは瑞浪駅を起点とする計画があったが、建設の難易差から土岐津（現・土岐市）に変更したという。そのとき、列車は貨物ホームで接続し、旅客列車が国鉄土岐津駅構内から発着するようになったのは1928（昭和3）年3月1日である。そののち昭和初期にはガソリンカーを併用したが、戦時統合により1944（昭和19）年1月、現在の東濃鉄道となり、1950（昭和25）年7月1日に電化が完成した。

車両は当初新車がモハ101、102の2両の東芝製電車を購入したが、気動車時代の輸送量を想定して車体長14・3メートル、両運転台の小型だった。そのため2両運転で対処したが、翌年には国鉄から買収国電と称される元南武鉄道の電車クハ101、102、モハ103の3両の払い下げを受けて輸送力を確保した。さらに1965（昭和40）年には輸送量がピークとなり、西武鉄道からモハ111、112とクハ211、212の2編成4両を購入した。

その後、地方私鉄として活躍したものの、輸送需要の減少が目立ち始めた1972（昭和47）年7月31日の水害で土岐川の橋梁が流失した。再開が希望されたが、多額の工事費の目途がつかずそのまま復旧を断念し、1974（昭和49）年10月21日、正式に廃止となった。災害による不通から廃線への運命をたどった地方鉄道がこの後も多いが、その先鋒であった。

岐阜県内の私鉄時刻表（昭和15年）

十五年九月二十五日改正　**柳橋・新岐阜間** 運（名古屋鐵道名岐線）　連絡驛ノミヲ示ス

驛名　柳橋、押切町、枇杷島橋、西枇杷島、須ケ口、丸之内、西清洲、大佐土、國府宮、新一宮、西一宮、新岐阜

新岐阜行										粁程	運賃	驛名	柳橋行								
5 36	6 06	(急)	(特急)	此間普通ハ柳橋ヲ三十分毎ニ特急及急行ハ押切町ヲ一時間毎ニ朝夕ノ混雜時ニハ約十五分毎ニ運轉	9 36	(特急)	(急)	1036	(急)	0.0	錢	發柳橋著	7 00	8 00	(特急)	(急)	此間普通ハ柳橋行三十分毎ニ特急及急行ハ押切町行一時間毎ニ朝夕ノ混雜時ニハ約十五分毎ニ運轉	1100	(特急)	1146	(急)
5 45	6 15	6 30	7 00		9 45	1000	1030	1045	1100	2.2	4	〃押切町發	6 52	7 51	7 39	8 17		1051	1039	1138	1147
5 48	6 18	レ	レ		9 48	レ	レ	1048	レ	4.2	9	〃枇杷島橋〃	6 46	7 45	7 36	8 14		1045	1036	1132	1144
5 56	6 26	6 37	レ		9 56	レ	1036	1056	1107	6.4	13	〃須ケ口〃	6 41	7 40	レ	8 10		1040	レ	1126	1140
5 58	6 28	6 39	レ		9 57	レ	1030	1058	1109	7.2	15	〃丸之内〃	6 39	7 38	レ	8 08		1038	レ	1125	1138
6 31	6 56	6 53	7 19		9 23	1019	1053	1126	1123	19.2	29	〃新一宮〃	6 14	7 15	7 20	7 55		1015	1020	1105	1125
6 46	7 11	7 05	レ		9 38	レ	1105	1141	1135	28.1	45	〃笠松〃	5 59	7 00	レ	7 42		1000	レ	1050	1112
6 56	7 21	7 12	7 34		9 48	1034	1112	1151	1142	32.7	49	著新岐阜發	5 49	6 50	7 05	7 35		9 50	1005	1040	1105

名岐線は新岐阜～押切町で新名古屋にはまだ入っていない。

十五年十月十日改正　**笠松・大須間**（竹鼻鐵道線）（電車）運
（笠松・西笠松間名古屋鐵道）

粁程	運賃	驛名	103	107	109		171	173	175	粁程	運賃	驛名	106	108		168	170	172	174
0.0	錢	笠松發	…	6 36	7 06	此間30分毎ニ運轉	10 36	11 06	11 36	0.0	錢	大須發	6 21	6 51	此間30分毎ニ運轉	…	10 21	10 51	11 21
0.9	4	西笠松〃	…	6 39	7 09		10 39	11 09	11 39	3.6	12	市之枝〃	6 29	6 59		…	10 29	10 59	11 29
5.1	16	南宿〃	…	6 50	7 20		10 50	11 20	11 50	6.1	18	牧野〃	6 35	7 05		…	10 35	11 05	11 35
8.6	25	榮町〃	5 58	6 58	7 28		10 58	11 28	11 58	7.4	18	竹鼻〃	6 39	7 09		…	10 39	11 09	11 39
9.6	28	竹鼻〃	6 01	7 01	7 31		11 01			8.4	21	榮町〃	6 42	7 12		10 12	10 42	11 12	11 42
10.9	31	牧野〃	6 05	7 05	7 35		11 05	…	…	11.9	30	南宿〃	6 50	7 20		10 20	10 50	11 20	
13.4	37	市之枝〃	6 11	7 11	7 41		11 11	…	…	16.1	42	西笠松〃	7 01	7 31		10 31	11 01	11 31	…
17.0	46	大須著	6 19	7 19	7 49		11 19	…	…	17.0	46	笠松著	7 04	7 34		10 34	11 04	11 34	…

十六年二月一日訂補　**名古屋鐵道岐阜線**（電車）運

高富線	岐阜驛前、長住町、徹明町、△岐阜柳ケ瀬、長良橋、長良北町、戸羽川、△高富	粁 9.9	錢 21	岐阜驛前―高富 41分ヲ要シ {岐阜驛前發 6 20 ヨリ 9 40 マデ／高富發 6 41 ヨリ 9 21 マデ} 岐阜驛前・長良北町間約 10 分乃至 20 分毎運轉、長良北町・高富間 20 分乃至 40 分毎運轉
鏡島線	徹明町、千手堂、森屋、弘法西口、鏡島	粁 4.6	錢 15	徹明町―鏡島 17 分ヲ要シ {徹明町發 5 57 ヨリ 9 20 マデ／鏡島發 6 20 ヨリ 9 00 マデ} 20 分乃至 40 分毎ニ運轉
美濃町線	△岐阜柳ケ瀬、兵營前、日野橋、下芥見、△新關、△新美濃町	粁 24.9	錢 45	岐阜柳ケ瀬―新美濃町1時2分ヲ要シ {岐阜柳ケ瀬發 5 45 ヨリ 9 45 マデ／新美濃町發 5 49 ヨリ 9 49 マデ} 直通ハ 30 分毎ニ運轉、岐阜柳ケ瀬・兵營前ハ 15 分毎ニ運轉、朝夕兵營前止リヲ日野橋マデハ延長運轉
揖斐線	忠節、尻毛、△美濃北方、政田、△黑野、淸水、△本揖斐（谷汲鐵道 50 頁參照）	粁 18.7	錢 48	忠節―本揖斐 45 分ヲ要シ {忠節發 6 00 ヨリ 10 30 マデ／本揖斐發 5 50 ヨリ 10 20 マデ} 30 分毎ニ運轉（谷汲行・本揖斐行交互運轉）朝、夕 忠節・美濃北方間運轉ノモノアリ

竹鼻鉄道の笠松～大須間は日中30分毎。名鉄岐阜市内線として4路線が掲載される。

十五年十一月一日訂補
長住町・新鵜沼間
（電車）非
（名古屋鐵道各務原線）

長住町（岐阜）、田神、細畑、切通、手力、高田橋、新加納、新那加、高巖、各務原運動場前、六軒、三柿野、二十軒、名電各務原、苧ケ瀬、羽場、鵜沼宿、新鵜沼（全區間17.7 粁　運賃 40 錢）
運轉時間
長住町―新鵜沼 約 39分ヲ要シ
長住町發 5 50 ヨリ 10 10 マデ
約 30分毎ニ運轉
新鵜沼發 6 02 ヨリ 9 52 マデ
約 30分毎ニ運轉
但シ長住町・三柿野間
ハ朝夕 7 分毎ニ運轉

八年八月一日訂補
忠節・黑野・谷汲間
（電車）運
黑野・谷汲間（谷汲鐵道線）
忠節・黑野間（名古屋鐵道線）

驛名
忠節、△黑野、稻富、更地、北野畑、長瀨、△谷汲、（全區間 24.2 粁　運賃 63 錢）
運轉時間
忠節―谷汲 1 時間ヲ要シ
忠節發 6 00 ヨリ 9 00 マデ
谷汲發 6 03 ヨリ 9 03 マデ
1 時間毎ニ運轉
外ニ 黑野―本揖斐間
30 分乃至 1 時間毎ニ運轉

各務原線は長住町～新鵜沼。谷汲鉄道等の箇所には忠節からは黒野・谷汲行きで本揖斐は表示なし。

十五年十月十日改正　**多治見・笠原間**（笠原鐵道線）　三等車ノミ各驛連絡

粁程	運賃	驛名	笠原行 101	1	多治見發笠原行			19	粁程	運賃	驛名	多治見行 100	2	笠原發多治見行			20
0.0	錢	多治見(省)發	7 00	8 10				8 35	0.0	錢	笠原發	6 30	7 40				7 45
0.6	3	本多治見〃	7 03	8 15	9 35	1 35	5 35	8 40	1.4	6	瀧呂〃	6 35	7 45	9 00	1 00	5 00	7 50
1.9	7	市之倉口〃	7 07	8 19	10 55	2 45	6 50	8 44	2.7	10	市之倉口〃	6 39	7 49	10 20	2 15	6 05	7 54
3.2	12	瀧呂〃	7 12	8 24	0 30	3 55	…	8 49	4.0	15	本多治見〃	6 42	7 52	11 50	3 20	…	7 57
4.6	18	笠原著	7 17	8 29	ノモノ運轉			8 54	4.6	18	多治見(省)著	6 44	7 56	ノモノ運轉			8 01

十五年十月十日改正　**中津町・下付知間**（電車）運（北惠那鐵道線）　連絡驛ノミヲ示ス

下付知行	粁程	運賃	驛名＼列車番號	1	3	5	7	9	11	13	15	17	19	21
	0.0	錢	中津町發	6 21	8 15	9 47	11 18	0 40	2 22	3 45	5 22	7 10	8 37	10 05
	5.6	21	苗木〃	6 40	8 34	10 06	11 37	1 02	2 41	4 06	5 41	7 29	8 56	10 24
	8.5	32	並松〃	6 51	8 45	10 17	11 48	1 14	2 52	4 18	5 52	7 40	9 07	10 35
	11.4	43	美濃福岡〃	6 59	8 52	10 24	11 55	1 23	2 59	4 27	5 59	7 47	9 14	10 42
	15.6	59	美濃下野〃	7 10	9 03	10 35	0 06	1 36	3 10	4 40	6 10	7 58	9 25	10 53
	19.1	70	田瀨〃	7 20	9 13	10 45	0 16	1 48	3 19	4 52	6 20	8 08	9 35	11 03
	22.1	70	下付知著	7 30	9 23	10 55	0 26	1 58	3 29	5 02	6 30	8 18	9 45	11 13

中津町行	粁程	運賃	驛名＼列車番號	2	4	6	8	10	12	14	16	18	20	22
	0.0	錢	下付知發	6 10	8 06	9 33	11 07	0 35	2 07	3 38	5 13	6 59	8 28	9 56
	3.0	12	田瀨〃	6 20	8 16	9 45	11 17	0 45	2 19	3 48	5 23	7 09	8 38	10 06
	6.5	25	美濃下野〃	6 30	8 26	9 57	11 27	0 55	2 31	3 58	5 33	7 19	8 48	10 16
	10.7	40	美濃福岡〃	6 41	8 37	10 09	11 38	1 06	2 44	4 09	5 43	7 30	8 59	10 27
	13.6	51	並松〃	6 50	8 46	10 19	11 47	1 15	2 54	4 17	5 53	7 39	9 08	10 36
	16.5	62	苗木〃	7 01	8 56	10 30	11 56	1 24	3 04	4 26	6 02	7 48	9 17	10 45
	22.1	70	中津町著	7 20	9 15	10 51	0 15	1 43	3 23	4 45	6 21	8 07	9 36	11 04

十四年四月五日改正
新坂下（坂下）・奥屋間 非
（坂川鐵道線）

粁程	運賃	驛名	奥屋行 1	5
0.0	錢	新坂下發	9 25	4 20
2.8	7	稻荷堂〃	9 41	4 36
3.6	8	上大門〃	9 46	4 41
6.1	14	森平〃	9 56	4 54
8.0	18	奥屋著	10 08	5 03

粁程	運賃	驛名	新坂下行 2	4
0.0	錢	奥野發	6 13	11 48
1.9		森平〃	6 23	11 58
4.4		上大門〃	6 36	0 11
5.2		稻荷堂〃	6 41	0 16
8.0	81	新坂下著	6 55	0 30

坂川鉄道（森林鉄道）も列記とした鉄道として時刻表に記載されている。

十五年十月十日改正　**土岐津・東駄知間** 運（駄知鐵道線）　主要連絡驛ノミヲ示ス（ガソリン車）

粁程	運賃	驛名	3	5	7	9	13	15	17	19	21	23	25	27	29
0.0	錢	土岐津(省)發	5 48	7 09	8 36	9 46	11 39	1 42	2 58	4 03	5 03	6 07	7 35	8 55	10 53
1.1	4	明神口〃	5 51	7 13	8 39	9 49	11 43	1 45	3 01	4 06	5 06	6 11	7 38	8 58	10 56
2.0	7	土岐口〃	5 54	7 15	8 42	9 52	11 45	1 48	3 04	4 09	5 09	6 13	7 41	9 01	10 59
4.7	14	下石〃	5 59	7 21	8 47	9 57	11 52	1 53	3 09	4 14	5 14	6 19	7 46	9 06	11 04
7.5	24	山神〃	6 07	7 28		10 05	11 59	2 01	3 17	4 22	5 22	6 26	7 54	9 14	11 12
9.1	25	駄知〃	6 11	7 35	…	10 09	0 03	2 05	3 23	4 26	5 26	6 33	7 58	9 18	11 18
10.4	25	東駄知著		7 38	…				3 26			6 36			11 21

粁程	運賃	驛名	2	4	6	8	10	12	14	16	18	20	22	24	26
0.0	錢	東駄知發	5 13	…	7 58	…	…	11 36	…	3 28	…	…	6 58	…	…
1.3	4	駄知〃	5 20	6 20	8 05	…	10 12	11 43	2 07	3 35	4 28	5 30	7 05	8 25	10 20
2.9	9	山神〃	5 23	6 23	8 08	…	10 15	11 46	2 10	3 38	4 31	5 33	7 08	8 28	10 23
5.7	18	下石〃	5 29	6 29	8 14	8 55	10 21	11 53	2 16	3 44	4 37	5 39	7 14	8 34	10 29
8.4	27	土岐口〃	5 34	6 34	8 19	9 00	10 26	11 58	2 21	3 49	4 42	5 44	7 19	8 39	10 34
9.3	9	神明口〃	5 37	6 37	8 22	9 03	10 29	0 01	2 24	3 52	4 45	5 47	7 22	8 42	10 37
10.4	25	土岐津(省)著	5 40	6 40	8 25	9 06	10 32	0 04	2 27	3 55	4 48	5 50	7 25	8 45	10 40

東濃鉄道駄知線で東駄知まで行く列車は一部である。

十五年十一月十日改正
新廣見・御嵩・八百津間
（東美鐵道線）（電車）運　三等車ノミ

御嵩線…新廣見、前波、學校前伏見口、顏戸、御嵩（全區間 6.8 粁　運賃 21 錢）
八百津線…伏見口、東伏見、兼山口、城門、兼山、中野、伊岐津志、八百津（全區間 7.3 粁　運賃 23 錢）
運轉時間
新廣見―御嵩間14分ヲ要シ
{新廣見發7 12ヨリ 10 02マデ／御嵩發6 45ヨリ 9 30マデ}
伏見口―八百津間16分ヲ要シ
{伏見口發7 19ヨリ 10 10マデ／八百津發6 34ヨリ 9 11マデ}
約40分毎ニ運轉

東美鉄道の御嵩線と八百津線の所要時間と運賃を掲載。

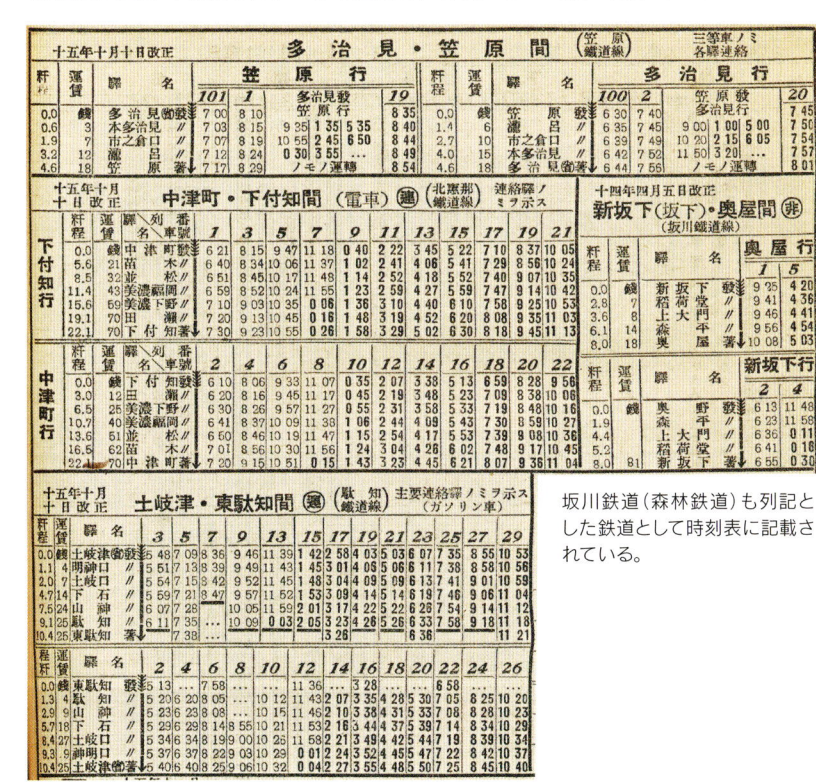

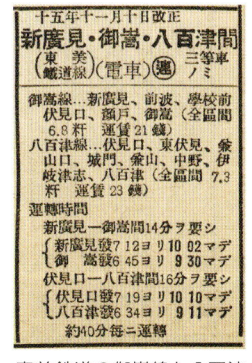

東濃鉄道笠原線

愛知県には届かなかった陶都の願い

区間▼多治見～笠原
駅数▼7駅
全通年月日▼1928(昭和3)年7月1日
路線距離▼4・6キロ
軌間▼1067ミリ
廃止年月日▼1978(昭和53)年11月1日

1953(昭和28)年国鉄から購入。元は1931(昭和6)年播但鉄道のレカ15として誕生した。戦時中は木炭ガス発生装置を設備した。国鉄買収後キハ40350となり、東濃鉄道でディーゼルエンジンに乗せ換え、荷物台を客室化した。◎1961年2月22日 撮影：荻原二郎

大井川鐵道井川線からやって来たDD105ディーゼル機関車。車両限界は小さいものの力が強く、最末期の笠原線の貨物列車を牽いて活躍した。DD105は廃線後の北恵那鉄道に貸し出され、線路の撤去作業に従事したという。◎笠原駅　1965年2月17日　撮影：荻原二郎

●多治見駅前	たじみえきまえ	0.0km
●新多治見	しんたじみ	0.3km
●本多治見	ほんたじみ	0.9km
●市之倉口	いちのくらぐち	2.1km
●下滝呂	しもたきろ	2.7km
●滝呂	たきろ	3.5km
●笠原	かさはら	4.9km

笠原線や駄知線と同じ事情で笠原鉄道により建設され、1928（昭和3）年7月1日に新多治見～笠原間4・6キロメートルが開通した。当初は瀬戸方面まで延長する計画もあったというが未完のまま終わった。

大正期に計画された笠原鉄道は資金集めや免許取得までに苦労し、ようやく1935（昭和10）年7月に免許となった。これは岡崎～瀬戸～多治見の路線バス路線を計画した国鉄の計画と競合する瀬戸～明知へバス路線免許を取り下げる条件で免許されたという。

こちらは蒸気鉄道のまま推移し、駄知鉄道と同じく貨物主体の鉄道であった。旅客列車は国鉄多治見駅から離れた位置にあり、スイッチバックで多治見駅近くに旅客ホームを新設するのが1936年の気動車化後の翌年3月である。こちらも戦時統合で東濃鉄道笠原線となった。

戦後は気動車が復活し、多治見地区の足として貨客輸送に活躍した。やがて旅客輸送は旅客の減少で1971（昭和46）年6月13日に廃止、貨物輸送だけの鉄道という時代を迎えた。その貨物輸送は末期には沿線に立地した東京窯業の側線にはワキ車が入線するほどだった。しかし、それも1978（昭和53）年10月31日に国鉄多治見駅での貨物扱いがコンテナ化されて廃止となった。これによって東濃鉄道から鉄道が消えてバス会社となったが、社名は今でも「東濃鉄道」を名乗っている。

新多治見駅で発車を待つキハ502。新多治見駅ホームは、最初国鉄駅から遠かったため、1937（昭和12）年のガソリンカー導入時にスイッチバック線を設け、国鉄駅近くに新多治見駅を設けた。◎1971年6月6日　撮影：西川和夫

東濃鉄道笠原線沿線の陶磁器出荷最盛期には、業者間で貨車の争奪戦があったという。◎笹原駅　1973年9月7日　撮影：安田就視

東濃鉄道笠原線　笠原駅舎　廃線間近でさびれた感じである。◎1973年9月7日　撮影：安田就視

笠原駅を出発するキハ502、前面に荷物台を持つ気動車で元の生まれは中国鉄道（現・JR西津山線、吉備線）で、国有化後に防石鉄道を経由し東濃鉄道へやってきた。防石鉄道と東濃と二社で廃線を経験した。◎1971年6月6日　撮影：西川和夫

電力王・福沢桃助の遺産

北恵那鉄道

区間▼中津町〜下付知
駅数▼13駅
全通年月日▼1924（大正13）年8月5日
路線距離▼22・6キロ
軌間▼1067ミリ
廃止年月日▼1978（昭和53）年9月18日

廃線まで在籍した車両が中津町駅の構内に勢ぞろいしている。名鉄払い下げのほか、手前のデ2号は創業時の車両の1両でラジアル台車を履いた単車であった。1962（昭和32）年5月名古屋市電のお古のブリル76E－2台車と取り換えボギー車化した。同時にパンタグラフ化した。◎1978年9月17日　撮影：田中義人

恵那峡口～山之田川間の付知川を渡るデ560形。中津町を出てすぐに木曽川を渡った線路は付知川の右岸に沿って北上を続け、下付知に達した。まさに川流しの代替え鉄道にふさわしいレイアウトだった。◎1978年8月12日　撮影：寺澤秀樹

- ●中津町　なかつまち…………0.0km
- ●恵那峡口　えなきょうぐち……1.4km
- ●山之田川　やまのたがわ………3.7km
- ●苗木　なえき……………………5.6km
- ●上苗木　かみなえき……………6.5km
- ●並松　なみまつ…………………8.5km
- ●関戸　せきと……………………9.9km
- ●美濃福岡　みのふくおか……11.4km
- ●栗本　くりもと………………13.0km
- ●美濃下野　みのしもの………15.6km
- ●田瀬　たせ……………………19.1km
- ●稲荷橋　いなりはし…………21.3km
- ●下付知　しもつけち…………22.1km

- ●中津町　なかつまち…………0.0km
- ●（国鉄中津川）（こくてつなかつがわ）……0.2km

北恵那《きたえな》鉄道の生い立ちは、木曽川水系の電力事業と大きく関係している。電力王「福沢桃介」は木曽川に当時日本最初のダム式発電所の建設を計画した。そのため福沢は木曽川流域の森林鉄道建設にその名を残している。そのため、北恵那鉄道も付知川で流送が主流の木材輸送が出来なくなることから、その代替え手段として北恵那鉄道が１９２２（大正11）年２月15日に設立され、ダム工事の始まる前の１９２４年８月５日に全線22・1キロメートルが開通した。

北恵那鉄道が木曽川の支流付知川沿いに建設されたのは、裏木曽御料林からの木材搬出路を確保する目的であり中央本線中津川駅から分岐する電気鉄道となった。このため中津川駅との間には連絡線が設けられ、延長22・５キロメートルの鉄道であった。

１９３８（昭和13）年12月には下付知駅から付知森林軌道が完成し、木材搬出路としても活躍したが、１９６１年にはトラック輸送に転換。旅客輸送もマイカーの普及と過疎化により１９７２年には昼間はバス輸送となり、１９７８年９月18日には廃止され、社名も北恵那交通と変更された。車両は最初から勾配と曲線の多い線区に対応したラジアル台車を履いた電車を採用したが、これは愛知電気鉄道時代の知見に基づくもの思う。この珍しい台車を、戦後まで使用したユニークな鉄道であった。

北恵那鉄道には一時、大井ダムの建設資材を輸送した工事線を大同電力から借用し、大井駅（現・恵那）からダムサイトの奥戸までを観光用に大井線として、１９２８（昭和３）年５月、日本車輌製の気動車（単端式）で営業開始したが、ダム勤務者や観光客だけでは経営が成りたたず、１９３２年９月１日に営業休止、１９３４年には廃止となった。１９８５年にＮＨＫの大河ドラマ「春の波涛」が放映され話題を呼んだ。

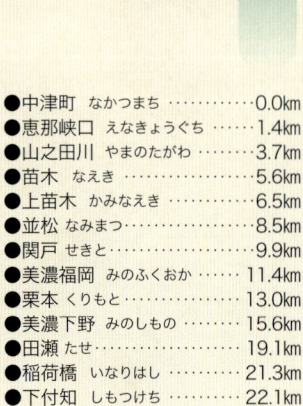

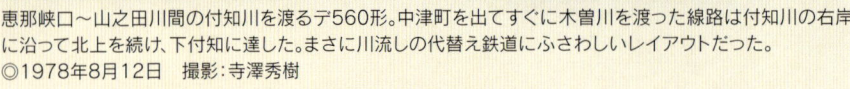

大井線の線路図（昭和５年）

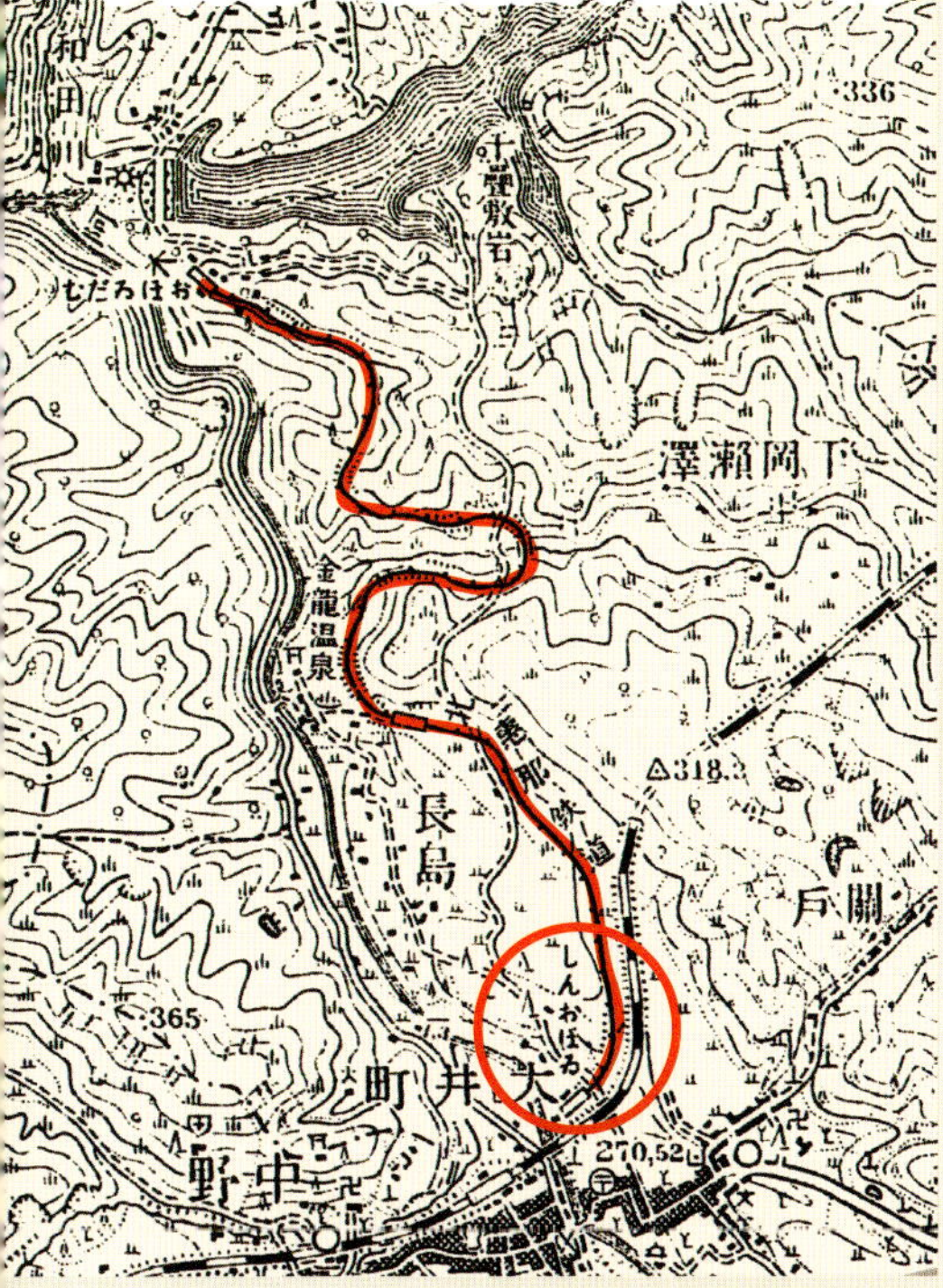

ダム工事線を観光路線として活用したものの、短命に終わった。

北恵那鉄道中津町駅に併設された車庫で、出庫待ちのモ563とモ564号車。ともに元瀬戸電の半鋼製ボギー車である。◎1978年1月3日　撮影：寺澤秀樹

中津町構内で廃線を待つ車両。鉄道友の会名古屋支部から贈られた「お別れ電車」の装飾を施したデ565－デ564が待機中。◎1978年9月17日　撮影：田中義人

中津町を出てすぐの木曽川橋梁をデ560形の２連列車が渡る。この橋桁は旧国鉄からの払い下げ品である。廃線後も姿を留めている。◎中津町～恵那峡口　1977年11月20日　撮影：田中義人

貨車を授受するため中央本線の中津川駅にやって来たデ2号。創業時の車両（単車）で、台車を名古屋市電のブリル76-Eに交換してボギー車となったものの、ポールは変えていない。◎1959年3月　撮影：中西進一郎

『付知町史』に登場する北恵那電車

北恵那鉄道株式会社は、大正11年（1922）2月15日資本金200万円で創立し、鉄道（電車）敷設工事は同年11月から始まり同13年（1924）8月、中津—下付知間22キロメートルが、工費250万円で竣功した。県下電気鉄道の最初は、明治39年開通の岩村電気軌道株式会社であるが、郡下ではこれにつぐ北恵那電車の開通は長年の悲願であり、沿線住民にとっては身近に交通の便を感じたであろう。

北恵那電車の敷設は、過疎地帯における沿線町村民の利用だけでは到底採算があわなく、官材をはじめ貨物の運送料金を加えたとしても、250万円の施設投資に対して大きな期待は望めなかったと思われるが、これが実現した理由は左記のようである。

福沢桃介（大同電気）が木曾川流域に水力電気事業を画策し、賤母発電所をはじめ桃山、読書及び大井、落合に堰堤式発電所の建設計画を立てた。ここで重要な問題になったのが、往古から流送していた裏木曾御料林からの木材輸送であった。大井ダムの建設は明らかに流送の障害になるので、付知川水系の民材はともかく、帝室林野局の反対を考慮し、さきの長野県山口村における賤母発電所の補償の先例もあるので、岐阜県は、大井水力開発許可附帯命令書に基き、その輸送に支障がないよう北恵那鉄道の敷設及び、終点駅に川狩木材陸揚場の設置を約した。このため大井ダムを大正11年7月着工、同13年12月竣功と、ほぼ同時に北恵那鉄道敷設工事が併行して実施されたのである。

付知町の資料によれば、福沢系の大同電力株式会社はすでに明治末期からの計画で、大正2年付知、坂下など7か村連合出資の木曾電気株式会社・蘭川発電所建設当時に、付知川の水利権（灌漑必要量を除く）との交換条件で私鉄敷設交渉が行なわれ、当時の町長三尾多十郎の書簡によれば、当初の町内終点駅は役場西方の中央部であるが、野尻、広屋林の地域住民の強い反対のため、少数派地元議員として、町当局の意向に反対しなければ生命の危険にもかかわる険悪な状況で、広屋林、野尻地区ともそれぞれ終点駅を固守していたが、広屋林派が折れて野尻終点説に追従したため、当初予定の敷設計画は阻害され、そのまま放置すれば中、北部の多数派の反潑にあい、水利権問題の解決は覚束ないと、大同電力の石川惇平宛に現況を報告している。

このように北恵那鉄道敷設交渉が着工前10年以上も続けられており、開通後も中央部までの延長運動が継続され、一方国鉄中津川駅乗入れがさけばれていたが実現することなく今日（昭和47）に至っている。

以上の経過で開通した北恵那鉄道は、昭和20年頃迄乗客が極めて少なく、出発した電車が、乗り遅れた人の姿を見れば、電車を止めて待っていてくれた。乗客が急増したのは戦後で、通勤、通学、所用などの外、下野庚申祭、中津川の福市などには臨時電車が増発され、加えて旅行者、観光客等増加し、「日本一のろい電車、高い（料金）電車」とささやかれながらも大きな事故もなく、沿線町村民に親しまれてきた。

4章

第三セクター鉄道

・樽見鉄道
・長良川鉄道越美南線
・明智鉄道
・神岡鉄道
・森林鉄道

第三セクターされて約半年の明智鉄道岩村駅で行き違うアケチ1形。駅員の姿がある。◎1986年4月　撮影：寺澤秀樹

樽見鉄道の貨物列車。観光列車用塗装のTDE113が重連で貨物列車を牽いた。民営化後も貨物輸送が続いたが2006年4月に終了した。◎十九条〜美江寺　2004年8月21日　撮影：寺澤秀樹

樽見鉄道樽見線

沿線の薄墨桜と温泉観光が頼り

区間▼大垣〜樽見
駅数▼19駅
全通年月日▼1989（平成元）年3月25日
三セク転換▼1984（昭和59）年10月6日
路線距離▼34・5キロ
軌間▼1067ミリ

樽見鉄道発車式のハイモ180形。隣に並ぶのはJR117系電車。奥には115系電車も見える。◎大垣駅　1984年10月　撮影：鵜飼功一

国鉄樽見線の項で紹介したが、1983（昭和58）年2月1日の民営化時点でも貨物営業を実施していた。そのため機関車もディーゼル機関車を購入し、旅客輸送もレールバスを導入するなどしたが、第三セクター後、最大の出来事は1988（平成元）年3月25日に美濃神海から樽見まで延長工事を行い、34・5キロメートルの路線となったことである。この時点では、この奥地で計画されていたダム工事の資材輸送が目的とされていた。

結果として期待された需要はなかったが、この区間については奥美濃発電所の工事のため、大型変圧器などの輸送について軌道や橋梁の強化を電力会社の責任とする協定を結び、1992（平成4）年から3年間輸送することとし、この間に55回の貨物列車を運転した。しかし、頼みの美濃本巣からのセメント輸送は2006（平成18）年4月21日にはトラック輸送に変わり、旅客専業会社となった。

民営化直後は、薄墨桜のシーズンにJRの客車を借りたり、学生輸送のため客車を購入して輸送対策として盛況を呈した。現在はレールバスで輸送できる状態になり、JRからの乗り入れや、客車列車の運転もなくなった。平時には運転体験や企画列車の運転など話題作りに懸命の努力しているのが実情である。

2017（平成29）年11月、樽見鉄道にも観光列車「ねおがわ号」が登場した。既存のハイモ330形の701号を県や地元の補助金314万円をかけ改装し「鮎」の形の釣り手を装備したりして「ねおがわ号」としたものだ。土曜・日曜を中心に沿線住民のガイドを乗せて走ることになっている。もちろん料理列車の運転も実施している。

今後の課題は、貨物輸送が皆無となった現在、JR大垣駅構内の配線をいかに改良し、共同使用を解消するかではないだろうか。

「うすずみファンタジア」号。こちらは樽見鉄道自前の車両での、観桜客輸送臨時列車。塗装変更した客車と、中間2両は貨車改造のオープン車両の編成である。秘境に咲く桜の名木は樽見鉄道最大の観光資源であり、開通当時は多くの人が訪れた。◎1990年8月　撮影：寺澤秀樹

桜満開の谷汲口駅のハイモ180形。富士重工製のこの車両は1軸ボギー気動車、レールバスとして、各地の第3セクター鉄道に導入されたが、その多くはボギー式の車両が後継車として採用された。◎1987年4月　撮影：寺澤秀樹

「ふれあい薄墨フェスティバル」の一つとして、JR西日本のC56160を借りて「SL薄墨号」が大垣～樽見間で2往復運転された。久し振りの蒸気機関車の運転に地元は盛り上がった。◎1990年8月　撮影：寺澤秀樹

大垣駅7番線で客扱い中のハイモ180形と東海道本線上りホームに停車中の117系電車。◎1985年8月12日　撮影：田中義人

桜満開の谷汲口駅を往く「ウスズミブルーライン」号。樽見鉄道発足後もシーズンにはJRから客車を借り入れ、うすずみ桜の観桜客輸送を実施した。写真はJRの12系客車を牽く自社の貨物機TDE101である。◎1998年4月5日　撮影：田中義人

1986(昭和62)年12月11日第三セクター長良川鉄道が開業した。祝賀列車の行違いである。車両はレールカーを採用、ナガラ1形とした。距離が72.2kmと長く10両の車両を準備した。◎大屋　1986年12月11日　撮影：寺澤秀樹

清流に守られ生まれ変わった

長良川鉄道越美南線

区間▼美濃太田～北濃
駅数▼38駅
全通年月日▼1934(昭和9)年8月16日
三セク転換▼1986(昭和61)年12月11日
路線距離▼72・1キロ
軌間▼1067ミリ

郡上大和駅で対向列車を待つ「ながら1形」から降りた乗客が構内踏切を横断する。◎1990年8月　撮影：寺澤秀樹

●美濃太田 みのおおた ……… 0.0km
●前平公園 まえひらこうえん ‥ 1.7km
●加茂野 かもの …………… 3.7km
●富加 とみか……………… 5.9km
●関富岡 せきとみおか ……… 8.2km
●関口 せきぐち……………… 9.7km
●刃物会館前 はものかいかんまえ‥ 11.2km
●関 せき………………………… 12.0km
●関市役所前 せきしやくしょまえ‥ 13.0km
●関下有知 せきしもうち …… 14.6km
●松森 まつもり……………… 16.1km
●美濃市 みのし …………… 17.7km
●梅山 うめやま……………… 18.8km
●湯の洞温泉口 ゆのほらおんせんぐち‥‥ 22.3km
●洲原 すはら………………… 24.7km
●母野 はんの ……………… 26.1km
●木尾 こんの……………… 27.3km
●八坂 やさか ……………… 29.4km
●みなみ子宝温泉 みなみこだからおんせん‥ 30.6km
●大矢 おおや ……………… 31.8km
●福野 ふくの……………… 32.9km
●美並苅安 みなみかりやす ‥‥ 34.8km
●赤池 あかいけ……………… 36.3km
●深戸 ふかど ……………… 38.5km
●相生 あいおい……………… 43.0km
●郡上八幡 ぐじょうはちまん ‥ 46.0km
●自然園前 しぜんえんまえ ‥‥ 50.9km
●山田 やまだ………………… 54.9km
●徳永 とくなが……………… 55.9km
●郡上大和 ぐじょうやまと ‥‥ 57.3km
●万場 まんば……………… 59.7km
●上万場 かみまんば ……… 61.1km
●大中 おおなか……………… 62.4km
●大島 おおしま……………… 64.3km
●美濃白鳥 みのしろとり …… 66.1km
●白鳥高原 しろとりこうげん ‥ 69.6km
●白山長滝 はくさんながたき ‥ 70.9km
●北濃 ほくのう……………… 72.1km

長良川鉄道も旧国鉄の越美南線であり、歴史のある営業キロ72・2キロメートルの長大路線である。最初から旅客輸送だけを実施している。沿線は美濃市からはほぼ長良川沿いに走り、風光明媚な路線であり、沿線に温泉駅を新設する等、観光旅客の誘致に努めている。

最近では水戸岡鋭治氏デザインのグルメ列車を導入して、人気を博している。開業30周年を迎えて数々の企画列車を運転し、最近はライバルのバス会社とも組み、沿線を周遊する企画も打ち出している。、また、郡上踊りの本場、郡上八幡駅を改装するなど観光地としてのイメージアップに努力しているが、飛騨高山、古川と比べても魅力ある街並みをもっと売りだすことが期待される。越美南線の項でも触れたが、ほぼ全線が清流・長良川沿いに走る風光明媚な路線であり、今後も観光路線として多くの利用客に訪れて欲しい。

現在の郡上八幡駅舎。

桜満開の湯の洞温泉口駅の2代目車両。この線の沿線にも桜の名所は数多くあり、観桜客も多い。◎2017年4月12日　撮影：田中義人

アユ釣りのメッカ長良川でアユ釣りの人々を眺め行く列車。初夏から成夏はアユ釣りの名所として知られる長良川はいたるところで釣り人の姿が見られる。
◎自然園前～山田　1998年8月　撮影：寺澤秀樹

開業装飾を纏った明智駅。民営化と同時に駅名を明知から明智に変更した。駅舎自体はJRから引き継いだものである。◎1985年12月13日　撮影：田中義人

明知鉄道 明知線

グルメ列車などアイデア列車で奮闘

区間▼恵那～明智
駅数▼11駅
全通年月日▼1934（昭和9）年6月24日
三セク転換▼1985（昭和60）年11月16日
路線距離▼25.1キロ
軌間▼1067ミリ

明知鉄道のレールバスは終点明智の「大正村」に因み、「大正号」のプレートを付けて走った。10形ボギー車と交代し、現在はすべて引退した。◎1999年6月7日　撮影：寺澤秀樹

旧国鉄の明知線が1985（昭和60）年11月16日に明知鉄道となった。明知鉄道は沿線自治体とタイアップした数々のグルメ列車を運転するので有名であり、最近は食堂車と称する車両を併結した急行列車を運転している。もちろん国鉄時代には実現できなかった急勾配区間（33パーミル）に1991（平成3）年10月、飯沼駅を新設したり、極楽駅を設けたりして沿線旅客の増加に努力している。

沿線の自治体が保存していた蒸気機関車を明智駅構内に戻し、圧縮空気で動かしている。将来的には蒸気機関車を復活しようとする運動もある。以前にはJR北海道が計画したレールバス（LMV）の実験も行ったが、実を結ばなかった。いずれにせよ、マイカーと過疎化の波の押し寄せる鉄道だが、終点明知の大正村、途中の女城主で有名な岩村城址等、見どころも多く、山岡の寒天や自然薯を生かした、料理（寒天）列車等地元とのタイアップ列車には熱心なローカル線として活躍している。

明知鉄道は以前から色々なグルメ列車を売り物にしてきたが、最近は食堂車が人気となっている。

JR恵那駅に隣接する明智鉄道恵那駅で実施された発車式。明智鉄道も最初富士重工製のレールバス、1軸ボギー車を導入した。◎1985年11月16日　撮影：寺澤秀樹

南アルプスの山を背景に終点・恵那を目指す列車。◎東野～恵那　2013年4月13日　撮影：寺澤秀樹

明知鉄道も2代目からはボギー車である10形に変わった。車体塗装も一新し、中には食堂車と称し列車内で食事を供する車両もある。明知鉄道は多くのイベント列車を運転していることでも有名である。◎山岡駅　2013年4月13日　撮影：寺澤秀樹

明知1形初代レールバス。山を下り恵那駅に進入。背後に複線で近づくのは中央本線。遠くに見える道路は恵那峡に通じる。◎東野～恵那　1990年9月14日　撮影：安田就視

猪谷駅で顔合わせた神岡鉄道「おくひだ2号」とJR東海の高山線列車。神岡鉄道沿線の旅客はもともと、富山方面との古流が多く、本来は神岡鉄道⇔JR西日本のダイヤを主体に構成されるべきだとの意見があった。◎1986年10月18日 撮影：田中義人

廃止後も不滅の神岡鉄道

神岡鉄道 神岡線（廃線）

区間▼猪谷〜奥飛騨温泉口
駅数▼8駅
全通年月日▼1966（昭和41）年11月6日
三セク転換▼1984（昭和59）年10月1日
廃止年月日▼2006（平成18）年12月1日
路線距離▼19.9キロ
軌間▼1067ミリ

猪谷駅では、神岡鉄道、JR東海、JR西日本の3社の列車が同時に顔を合わせることもあった。しかし、高山と富山でのそれぞれのJR線との接続も考慮する必要があり、こうした連絡ダイヤをパターン化するのは難しかったであろう。◎2006年11月23日 撮影：寺澤秀樹

旧国鉄神岡線は1984（昭和59）年10月1日に、第三セクター神岡鉄道を経て2006（平成16）年には路線廃止となった。民営化直後は専用線以来の亜鉛など鉱山関連の貨物輸送が継続し、収入の76パーセントを貨物輸送に依存していたが、それがなくなりついに路線廃止となった。

しかしこの鉄道は、その後の歩みが特異であった。廃止路線のうち終点奥飛騨温泉口（旧・神岡駅）側の施設を温存、整備し観光資源化し、保線用に使われた軌道自転車を、遊戯施設化し、約3キロメートルの線路を往復する観光施設として復活、春から秋まで、営業活動を行い、活況を呈している。

2017年度は廃線跡の整備を拡充し、旧神岡鉱山前駅まで電動アシスト自転車で往復できるようになった。さらに神岡鉱山前の車庫に保存してあった気動車「奥飛騨1号」を10年ぶりに整備し、2017（平成29）年4月8日の「ロストラインフェスティバル in 神岡」に合わせ、2.9キロメートルを時速5〜10キロで往復した。

この成功を機に8月19日からは有料で体験運転事業を始めた。マスコミでも、廃線活用の例として「高千穂あまてらす鉄道」などとともに取り上げられることが多くなった。廃線後も毎年地元マスコミを賑わす話題を提供し続けるユニークな存在となっている。

旧神岡鉄道のイベント用の軌道自転車。鉄道廃止後もしぶとくレールを守る意気込みか、かつての保守用軌道自転車の発想で観光客を集めている。

神岡鉄道の廃止を約1か月後に控え、最後の乗車を楽しもうという旅客でホームは賑わっている。◎2006年11月3日　撮影：田中義人

高原川沿いの景色のいい神岡鉄道線は、国鉄線として開業した1966（昭和41）年から約40年で幕を閉じる。1923年（大正12）年からの鉱山鉄道の歴史とほぼ同じであった。◎2006年11月23日　撮影：寺澤秀樹

森林鉄道

林業大国・岐阜県を支えた輸送網

双六金木戸森林鉄道は神岡営林署管内で1931（昭和6）年から1931年にかけて建設された森林鉄道で、神岡町浅井田から上宝村方面へ延びていた。国鉄神岡線が1966（昭和41）年に開通する前、1963（昭和38）年には全廃されている。◎1959年　提供：朝日新聞社

岐阜県は長野県と並び「木の国」であり、木材資源が豊富である。そのため、森林鉄道も飛騨、東濃地区に多数存在した。その中で一般鉄道と共用した坂川鉄道を紹介する。

坂川鉄道は営林局（当時は帝室林野局）の管轄として最後は長野営林局となり、長野県にも跨る。中央本線坂下駅東側の新坂下駅から川上（かわうえ）村丸野までの坂下、田立地区の御料林の木材輸送用森林鉄道として計画された。

しかし、地域住民からの旅客輸送の要望が強く、珍しく普通鉄道として免許を取得し、宮内省が半分以上を出資した。１９２６（大正15）年には丸野駅まで10・5キロメートルが開通した。軌間は７６２ミリで途中の奥屋駅までが旅客営業区間だった。丸野駅から奥の川上御料林までが坂下森林鉄道、奥屋から東への田立御料林までが田立森林鉄道として輸送が始まった。１９４４（昭和19）年には坂川鉄道区間も宮内庁に買収され、坂下森林鉄道の一部に編入され、珍しく宮内庁、農林省が経営する鉄道となった。

一般鉄道としての免許を取った坂川鉄道区間も１９６１（昭和36）年には廃止、１９６２（昭和37）年には坂下森林鉄道も全廃された。田立森林鉄道はそれ以前の１９５８（昭和33）年に廃止されていた。このほか、高山本線、中央本線沿いには多くの森林鉄道があり、当時の道路事情からすれば多かれ少なかれ、沿線住民の足としても利用されていたのが実情である。ここではその代表として坂川鉄道を紹介したが、ここでは、活躍中の姿は紹介できなかったが、川上村の中に残る坂川鉄道の橋脚部分を利用し、森林鉄道時代のＤＬ（機関車）と運材車が、モニュメントとして残されている。

1961（昭和31）年に廃止された坂川鉄道の機関車そのものではないと思われるが、森林鉄道は管内全体で管理しており、同類の機関車を展示した地元の愛着ぶりを示したものであろう。

清水 武（しみず たけし）

1940（昭和15）年6月、岐阜県生まれ。慶應義塾大学法学部卒業。在学中は鉄道研究会に所属し、『電車ガイドブック』（誠文堂新光社刊）の編集に参加。卒業後、名古屋鉄道に入社、運転関係の仕事に従事。退社後は鉄道誌への寄稿を続ける。現在、鉄道友の会、鉄研三田会会員。『名古屋鉄道1世紀の記録』（アルファベータブックス）ほか著書多数。

【写真提供】

荒巻克彦、鵜飼功一、大谷正春、荻原二郎、清水 武、田中義人、寺澤秀樹、中西進一郎、長渡 朗、野口昭雄、西川和夫、日比野芳和、安田就視、名鉄資料館、朝日新聞社

【絵葉書提供】

生田 誠

【主な参考図書】

・『新日本鉄道史（上・下）』川上幸義　1967年　鉄道図書刊行会、
・『名古屋鉄道百年史』1994年6月　名古屋鉄道株式会社
・『名古屋鉄道社史』1960年5月　名古屋鉄道株式会社
・『RMライブラリー』北恵那鉄道、東濃鉄道、西濃鉄道、名鉄岐阜線の電車等の各冊　清水武　ネコ・パブリッシング
・『国有森林鉄道全データ・中部編』　矢部三雄　2015年7月31日　信濃毎日新聞社
・『中部の電力のあゆみ（中部の電気鉄道100年）』1998年11月28日　中部産業遺産研究会
・『資料・日本の私鉄』和久田康雄　1976年12月25日　鉄道図書刊行会
・『日本の鉄道』毎日新聞連載　1960年　毎日新聞社
・『軽便追想』高井薫平　1997年4月30日　ネコ・パブリッシング

岐阜県《ぎふけん》の鉄道《てつどう》

昭和《しょうわ》〜平成《へいせい》の全路線《ぜんろせん》

発行日……………………2018年2月5日　第1刷　　※定価はカバーに表示してあります。

著者………………………清水 武
発行者……………………茂山和也
発行所……………………株式会社アルファベータブックス
〒102-0072　東京都千代田区飯田橋 2-14-5 定谷ビル
TEL. 03-3239-1850　FAX.03-3239-1851
http://ab-books.hondana.jp/

編集協力…………………株式会社フォト・パブリッシング
デザイン・DTP………柏倉栄治
印刷・製本……………モリモト印刷株式会社

ISBN978-4-86598-833-8 C0026